城市郊区保障性社区居民活动行为与公共设施布局研究

张　萍　著

同济大学出版社
TONGJI UNIVERSITY PRESS

图书在版编目(CIP)数据

城市郊区保障性社区居民活动行为与公共设施布局研究/张萍著. --上海：同济大学出版社，2019.7

ISBN 978-7-5608-8529-2

Ⅰ. ①城… Ⅱ. ①张… Ⅲ. ①社区—居民—行为方式—研究—上海②社区—社会服务—服务设施—研究—上海 Ⅳ. ①C912.68②D669.3

中国版本图书馆 CIP 数据核字(2019)第 074299 号

城市郊区保障性社区居民活动行为与公共设施布局研究

张　萍　著

责任编辑　荆　华　　责任校对　徐春莲　　封面设计　张　微

出版发行　同济大学出版社　　www.tongjipress.com.cn

（地址：上海市四平路 1239 号　邮编：200092　电话：021-65985622）

经　　销　全国各地新华书店

印　　刷　常熟市大宏印刷有限公司

开　　本　787mm×960mm　1/16

印　　张　7.75

字　　数　155 000

版　　次　2019 年 7 月第 1 版　　2019 年 7 月第 1 次印刷

书　　号　ISBN 978-7-5608-8529-2

定　　价　45.00 元

前 言

中国的城镇化在过去的三十多年间以年均1%的增长率快速演进，而城市人口空间分布趋于郊区化。近年来，推进保障性住房建设是我国各地城市改善居生、推进经济增长、促进社会发展的重要工作。2009年，上海开始规划建设以保障性住房为主的近郊6大动迁配套基地。2009年下半年，确定了第二批23个大型社区的规划选址，2010年开始启动其中9个基地的控制性详细规划编制和开发建设。这些社区完全建成后，上海郊区将会增加人口约400万。与传统居住区相比，由于安置和集聚的对象为中低收入群体，保障性社区在住户类型方面，主要为动迁安置房（为中心城动迁配套）、经济适用房、廉租房等保障性住房，还有少量中低价普通商品房；选址方面，基本上位于中心城外环线之外的近远郊。郊区的公共交通配套与中心城相比具有空间非均衡性，郊区低收入居民使用公共服务设施的活动需求和出行行为具有独特性。

除了住房，公共服务设施是决定社区生活空间质量的关键，它们不仅是社区居民活动的场所和地点，还具有形成和维持居民之间非正式交往的社会联系功能。伴随保障性社区居民逐步入住，公共服务设施规划所面临的挑战也在不断深化：由于郊区交通（特别是公共交通）的空间供给特征以及居住人群的低收入且多元化等影响，居民使用公共服务设施的空间活动特征和需求重点与中心城社区或中高收入人群聚居的社区，存在很大差异。目前郊区社区公共设施的规划建设与居民活动需求之间的不适应状况非常突出，居民满意度较低。在上述背景下，本书以上海市郊区保障性社区的手机数据、POI数据、调查数据等多源数据采集为基础，采取交通和城市规划等多学科理论交叉研究与实证调查结合的方法，系统地解析居民活动行为与社区公共服务设施布局之间内在联系的规律性。研究成果是对交通行为分析理论以及社区公共设施空间规划理论体系的深入与补充，同时为上海市郊区保障性社区的后续规划以及已建社区公共设施配建的完善，提供坚实的研究依据。

2011年3月，在上海市哲学社会科学研究课题资助下，开展《上海外围大型社区居住人群特征与公共服务设施需求研究——基于嘉定江桥基地的实证分析》的研究（项目编号2011BSH003）；2014年1月，作者及研究团队在国家自然科学基金面上项目的资助下，开展《基于活动行为的郊区保障性社区公共服务设施空间布局模式研究——以上海为例》的研究（项目编号51378358）。研究团队对上海郊区已建设的保障性社区完成了全覆盖调研。此外，上海市城市规划设计研究院作为国家自然科学基金项目的合作单位，信息中心的刘根生主任、交通分院的高级工程师张天然博士、信息中心的工程师徐璐，在研究所需的大样本数据、郊区保障性社区规划文件资料等方面给予了大力支持，并多次参加研究讨论，张天然博士还参与了本书第4章的撰写，有效地推动了研究工作的进展，以及研究成果在后续保障性社区规划中的应用。

2011 年至今，黄国洋博士、李玮峰博士、程小云博士、孙伟博士、关金平博士和硕士孙姗姗、贾凤娇、姚伟奇、朱琛、蒋瑶瑶、孙杨世佳等先后参与了课题报告部分内容的撰写和问卷调研，对本书相关内容也有贡献。上海市信息中心的宋吉祥工程师参与了本书第 3 章的撰写，黄国洋博士参与了本书第 7 章的撰写。研究生张殷华、袁瑶协助绘制了部分插图及其他工作，特此致谢。

本书可供交通学、城乡规划学、地理学、管理学等领域的科学研究、规划设计、行政管理和高等教育等专业人员和高校学生参考，也可供相关交通管理、城乡规划管理、土地管理人员参考使用。

张萍

2019.2.16

目 录

前言

第1章 绪 论 …… 1
1.1 研究背景与意义 …… 1
1.1.1 面向居住人群活动需求的公共服务设施布局,为提高保障性社区的公共服务水平创造条件 …… 1
1.1.2 居民活动行为分析促使社区公共服务设施规划理论与方法进一步充实 …… 3
1.2 研究目标与主要研究内容 …… 4
1.2.1 研究目标 …… 4
1.2.2 主要研究内容 …… 4
1.3 研究方法与数据 …… 4
1.3.1 强化数据采集,多角度实现对于研究对象的分析 …… 4
1.3.2 通过学科交叉研究实现具体空间建模 …… 5
1.3.3 在总结经验基础上,进行规划方法的优化 …… 5
本章注释 …… 6

第2章 国内外相关研究综述 …… 7
2.1 活动——行为分析研究进展 …… 7
2.1.1 移动(交通行为)在活动空间中具有重要作用 …… 7
2.1.2 交通行为分析理论模型 …… 7
2.2 社区公共服务设施空间规划理论演进 …… 8
2.2.1 国外社区公共服务设施空间规划理论研究 …… 8
2.2.2 国外社区公共服务设施规划建设经验 …… 9
2.2.3 国内社区公共服务设施规划建设经验 …… 11
2.3 公共设施区位理论的演进及研究进展 …… 13
2.3.1 国外公共设施区位研究 …… 13
2.3.2 国内公共设施区位研究 …… 14
2.4 居民出行与公共服务设施布局研究进展 …… 15
2.4.1 国外相关研究 …… 15
2.4.2 国内相关研究 …… 16
2.5 小结 …… 17

本章注释 …… 17

第 3 章 郊区社区公共设施布局特征的量化评析 …… 21
3.1 研究方法与数据来源 …… 21
3.1.1 研究方法 …… 21
3.1.2 数据来源及研究社区 …… 23
3.2 上海市社区公共设施空间布局特征 …… 25
3.3 郊区社区公共设施空间布局评析 …… 27
3.3.1 单位面积设施量的比较 …… 27
3.3.2 公共设施布局的核密度分析 …… 27
3.3.3 公共设施布局与轨道站点的关系 …… 27
3.4 郊区大型社区分类公共设施空间布局评析 …… 30
3.5 小结 …… 31
本章注释 …… 33

第 4 章 居民活动行为总体空间特征及可视化 …… 34
4.1 手机大数据及研究方法 …… 34
4.1.1 大数据的概念及特点 …… 34
4.1.2 手机大数据 …… 34
4.1.3 研究方法 …… 35
4.2 基于手机数据的工作活动行为总体空间特征 …… 35
4.2.1 职住分配 …… 35
4.2.2 过剩通勤框架中的职住平衡 …… 38
4.2.3 职住平衡的可视化 …… 41
4.3 基于手机数据的郊区居民活动行为总体空间特征 …… 43
4.3.1 出行行为特征 …… 43
4.3.2 活动空间特征 …… 44
本章注释 …… 47

第 5 章 郊区居民非工作活动行为特征及出行链选择 …… 49
5.1 基本概念界定 …… 49
5.1.1 活动、非工作活动与社区公共设施 …… 49
5.1.2 出行与出行链 …… 50
5.1.3 出行行为研究方法：基于出行和基于活动 …… 51
5.2 居民社会经济属性特征分析 …… 53
5.2.1 性别、年龄和就业 …… 54

5.2.2 家庭和小汽车拥有……………………………………………………………… 56
5.3 居民非工作活动出行特征分析…………………………………………………… 57
5.3.1 非工作活动目的分布…………………………………………………………… 57
5.3.2 非工作出行链分布……………………………………………………………… 57
5.3.3 非工作出行方式分布…………………………………………………………… 58
5.4 社区公共设施布局特征分析……………………………………………………… 59
5.5 非工作出行链选择的多项 Logistic 模型………………………………………… 60
5.5.1 多项 Logistic 模型……………………………………………………………… 60
5.5.2 模型的构建……………………………………………………………………… 61
5.5.3 模型结果分析…………………………………………………………………… 63
5.6 小结……………………………………………………………………………………… 65
本章注释 ………………………………………………………………………………… 66

第 6 章 郊区居民非工作活动行为的多维影响因素——公共设施的作用 ……… 68

6.1 研究设计和数据…………………………………………………………………… 68
6.1.1 模型选择………………………………………………………………………… 68
6.1.2 数学表达………………………………………………………………………… 69
6.1.3 参数估计………………………………………………………………………… 69
6.1.4 模型评价………………………………………………………………………… 69
6.1.5 数据来源………………………………………………………………………… 69
6.2 结构方程模型构建………………………………………………………………… 71
6.2.1 数据分析………………………………………………………………………… 71
6.2.2 变量选择………………………………………………………………………… 72
6.2.3 模型结构………………………………………………………………………… 73
6.2.4 模型拟合及评价………………………………………………………………… 74
6.3 个人特征对非工作活动和出行行为的效应分析………………………………… 74
6.4 家庭特征对非工作活动和出行行为的效应分析………………………………… 76
6.5 公共设施等社区特征对非工作活动和出行行为的效应分析…………………… 76
6.6 小结……………………………………………………………………………………… 79
本章注释 ………………………………………………………………………………… 79

第 7 章 引导郊区社区居民在非工作活动中更多选择步行——公共设施的作用
……………………………………………………………………………………………… 81

7.1 研究设计和数据…………………………………………………………………… 81
7.1.1 非工作活动分类………………………………………………………………… 83
7.1.2 上海郊区社区居民非工作出行方式特征……………………………………… 83

7.1.3 土地利用模式的表征…… 84
7.1.4 分析模型…… 84
7.1.5 数据…… 85
7.2 Logistic 模型的构建及回归分析 …… 85
7.3 土地利用对居民非工作出行方式的影响…… 87
7.3.1 街区设计对于居民非工作出行方式的影响最为显著…… 87
7.3.2 土地混合利用熵值影响居民非工作出行方式…… 87
7.3.3 人口密度对非工作出行不同方式的影响…… 88
7.4 不同类型公共设施对居民非工作出行方式的影响程度不同 …… 88
7.5 各要素的影响度分析…… 89
7.6 引导居民在非工作活动中更多选择步行的规划对策…… 89
7.6.1 小街区设计策略…… 90
7.6.2 分级密度策略…… 90
7.6.3 多样性策略…… 90
7.6.4 增加居住密度…… 91
7.6.5 外快内慢的交通体系…… 91
本章注释 …… 91

第 8 章 引导郊区社区居民在工作活动中更多选择公共交通——公共设施的作用 …… 93
8.1 结构方程模型的构建…… 94
8.1.1 数据来源及分析…… 94
8.1.2 变量选择…… 96
8.1.3 模型结构…… 97
8.1.4 模型拟合及评价…… 97
8.2 家庭特征对工作出行的效应分析…… 97
8.3 个人特征对工作出行的效应分析…… 99
8.4 公共设施布局与轨道交通站点关系对工作出行的效应分析 …… 100
8.5 通勤方式与非工作活动之间的效应分析 …… 101
8.6 引导居民在工作活动中更多选择公共交通的规划对策 …… 102
8.6.1 小结 …… 102
8.6.2 规划对策 …… 103
本章注释…… 103

主要参考文献…… 105

第1章　绪　论

1.1　研究背景与意义

在中国快速城镇化背景下，过去30年中国有5亿人进入到城市，到2030年中国城市人口将占全球人口的1/8，城市规模的持续扩大使郊区化趋势明显，研究证实，大量中低收入人群主要在城市外围郊区聚集居住。近年来，推进保障性住房建设是我国各地城市改善居民居住水平、推进经济增长、促进社会发展的重要工作。北京市2017年竣工90517套保障性住房，全装配式保障房规模达到289万 m^2[①]，2018年竣工61000套保障性住房[②]；广州市2017年基本建成保障性住房16274套，2018年基本建成16000套，新开工城市棚户区改造住房7500套[③]；成都市自2007年至2014年建成保障性住房75263套[④]，2017－2021年计划建设保障性住房和拆迁安置房5076万 m^2，解决45万户家庭住房困难问题[⑤]。然而，随着住房保障政策的覆盖面日益扩大，受困于财政、土地等压力，政府普遍将保障性住房项目布局在城市郊区。北京的保障性住房分布于五环以外区域，交通通达性较差[⑥]；广州保障房社区的空间分布在郊区，呈现"大分散、小集聚"的格局[⑦]；成都九成以上的保障性住房项目沿三环内外或是绕城高速内分布，远离城市中心，呈圈层分布状态[⑧]。

上海市明确以大型社区作为载体推进保障性住房建设，主要面向中低收入群体。除了提供住房外，公共服务设施是决定社区生活空间质量的关键。但是，在目前规划建设过程中，公共设施的布局与居民活动需求之间的不适应状况非常突出。对于保障性社区，若提供的公共服务和环境质量是低水平的，将直接影响居民对居住环境的满意度，导致一些社会问题的产生。这些不适应促使我们从规划源头反思保障性社区规划理念和理论的滞后——传统的社区公共服务设施规划注重配置指标的分析，在对于居住人群的属性特征及活动需求方面存在严重薄弱环节；传统局限于以定性分析为主的服务半径均衡化的布局方法，难以支撑郊区交通配套差异、中低收入人群活动独特性等多因素下对设施空间布局的定量分析要求。而近年来逐渐展开的活动行为分析等交叉研究，可能从根本上解决社区公共服务设施规划中"只见指标，不见人"和对服务人群活动需求考虑不足的问题，为传统的社区公共服务设施规划理论、方法带来革新。

1.1.1　面向居住人群活动需求的公共服务设施布局，为提高保障性社区的公共服务水平创造条件

自2009年始，上海市开展以保障性住房为主的大型社区的规划选址、规划编制和开发建设，先后确定了第一批8个大型社区和第二批22个大型社区。大型社区一

般选址于郊区（图 1-1），每个社区人口规模在 10 万～20 万人。2017 年上海市新增供应各类保障性住房 8 万套[9]，“十三五”期间新增各类保障性住房 55 万套[10]。与传统居住区相比，保障性社区在住户类型方面，安置和集聚的对象为中低收入群体，主要为动迁安置房（为中心城动迁配套）、经济适用房、廉租房等保障性住房，还有少量中低价普通商品房；选址方面，基本位于中心城外环线之外的近远郊区。郊区的公共交通配套与中心城相比具有空间非均衡性，郊区中低收入居民使用公共服务设施的活动需求和出行行为具有独特性。

图 1-1　上海市第一批和第二批大型保障性社区选址

另一方面，随着居民经济水平的提升、生活质量的提高和消费的多样化，居民到公共设施进行活动的非工作出行需求明显增强，包括购物、文化娱乐休闲、日常生活、个人业务及其他非工作目的。2014年上海市第五次综合交通调查数据显示，2014年上海市非工作目的的人均日出行次数上升至1.12次。从全市人员出行目的构成变化看，1995年非工作出行占32%，到2014年达到52%，其中增长最快、占比较大的为购物等日常生活出行占25.4%，文化娱乐休闲出行占9.8%。

伴随保障性社区居民逐步入住，公共服务设施配建所面临的挑战也在不断深化：由于郊区交通（特别是公共交通）的空间供给特征以及居住人群的中低收入且多元化等因素，一方面居民使用公共服务设施的出行量在增大；另一方面居民活动特征和需求重点与中心城社区或中高收入人群聚居的社区，存在很大差异，而目前公共设施的规划布局与居民活动需求之间的不适应状况非常突出，居民满意度较低。围绕科学化和精细化的要求，保障性社区公共服务设施规划及配建决策水平亟待提高。有效地解析郊区居民活动行为特征，并且与社区公共服务设施布局有机结合，将为保障性社区居民提供适应他们需求的公共服务保障水平，为政府分配和优化公共设施资源布局提供研究基础和技术保障。

1.1.2　居民活动行为分析促使社区公共服务设施规划理论与方法进一步充实

社区公共服务设施构成了社区生活空间质量的设施载体，是社区居民活动的场所和地点，它们不但为居民在工作之外所需的活动提供了场所，这些场所还具有形成维持居民之间非正式交往的社会联系功能。因此，社区公共服务设施及环境具有人本化的本质。显然，社区公共服务设施规划必须考虑居民的社会经济属性及他们前往公共服务设施的活动需要及行为特征。

传统的社区公共服务设施规划注重于基于服务人口规模的千人指标的设施数量供给，在考虑实际居住人群的属性特征及活动需求方面存在严重薄弱环节；传统空间规划布局大多局限于定性分析，服务半径的均衡化布局方法难以支撑居民特定活动空间特征下公共设施布局的定量分析要求。而从相关学科的发展来看，近年来交通学有关活动行为分析、地理学公共设施区位研究等领域的工作非常活跃，取得了相当一部分成果。本书通过学科交叉研究，将解析居民活动行为与社区公共服务设施的内在关联，解决社区公共服务设施规划中“只见指标、不见人”以及对服务人群特征和活动需求考虑不足等问题，对社区公共服务设施规划理论、方法带来补充和深入。

1.2 研究目标与主要研究内容

1.2.1 研究目标

此项研究的基本目标在于：①揭示关系——揭示郊区社区居民前往公共服务设施活动的空间行为规律及相关关系；②建立对接——在居民活动行为影响关系体系中，引入公共服务设施因子，分析影响强度及路径，实现对接；③促使转变——从突出公共服务设施指标数量配建到基于居民活动需求和行为特征，促使公共服务设施布局理念的转变。

1.2.2 主要研究内容

此项目的主要研究内容包括：①应用兴趣点（Point of Interest，POI）数据，采用GIS空间分析方法，定量分析上海郊区社区公共服务设施的空间布局特征；②应用手机大数据，超越传统调查数据的约束，研究上海全市及郊区社区居民工作活动行为、非工作活动行为的总体特征；③研究郊区社区居民非工作活动行为特征及出行链选择；④研究郊区社区居民非工作活动行为的多维影响因素，通过结构方程模型，解析公共设施的影响强度和影响路径，捕捉社区特征（含社区公共设施布局）、居民社会人口特征、非工作活动参与和出行行为之间的复杂相关关系；⑤如何引导郊区社区居民在非工作活动中更多选择步行。基于逻辑回归（Logistic）模型，进一步研究社区公共设施在诸多土地利用因素中对非工作步行方式选择的影响，以及相应的规划对策；⑥如何引导郊区社区居民在工作活动中更多选择公共交通。基于结构方程模型，进一步研究公共设施布局在诸多因素中的作用及规划对策。

1.3 研究方法与数据

1.3.1 强化数据采集，多角度实现对于研究对象的分析

研究充分利用已有的数据积累，并针对典型案例社区进行居民活动和出行调查，同时采用基于手机信令数据的大尺度活动空间调查，通过交通行为模型、空间分析模型及统计方法，深入探讨大数据与传统调查数据之间的关系，探讨人群社会经济属性、活动行为特征、公共服务设施布局之间的影响规律。

(1) 基于2014年上海市第五次综合交通调查，提取并整理有关郊区保障性社区的居民出行调查数据。

(2) 针对郊区5个大型居住社区，进行居民出行特征及意愿的入户调查，获得社区公共设施使用情况数据、总样本6000户的居民活动行为特征以及出行意愿数据。对于居民活动使用公共设施的情况，通过IPAD进行调查，从而使得活动目的地具有

空间坐标属性。

(3) 利用上海移动正在试验建立的基于通信数据建立观测系统的工作，研究扩展提取居民活动特征的渠道和方法。基于上海 2014 年 1 月到 6 月的移动手机信令大数据，应用一定标准（详见第 4 章），生成 1270 万住房位置和 632 万名就业人员的工作位置、136 万名非就业人员的非工作活动位置。我们发现，其生成的住房、工作、非工作位置数量远远大于任何现有基于调查数据的相关研究，超过一半上海居民的住房位置都已经被探测到。采用手机大数据，可以获取居民工作、非工作和居住的位置信息，进一步描述提取居民工作活动、非工作活动的总体空间特征。

(4) 上海市城市规划设计研究院已完成 31 个保障性社区的控制性详细规划，据此可以梳理社区方面的数据。

(5) 兴趣点作为一种新的空间数据源，具有信息量大、数据类型覆盖面广、获取相对容易等优势，其分布模式、分布密度在城市空间分析中具有重要的意义。POI 指某人可能觉得有用或有吸引力的特定地点。例如，某家餐馆、某个便利店，亦或是博物馆或是旅游景点，这些都能看作是一个 POI。POI 数据泛指一切可以被抽象为点的地理实体，尤其是与人们生活密切相关的设施，是电子地图上的某个地标，并包含经纬度、地址、名称、类型等属性信息。电子地图中每一个地名、公园、学校、医院、公司、商场等都是一个兴趣点。

百度地图开发平台（http://lbsyun.baidu.com/）提供了用户通过其 API 接口进行 POI 数据检索的服务。本研究的 POI 数据（2015 年）在百度地图上爬取，经过去重、纠偏与空间匹配，提取得到上海市 POI 数据 394037 条。

1.3.2 通过学科交叉研究实现具体空间建模

通过多学科相关理论和实证研究，建立系统的概念框架，在此基础上进行交叉研究，深化和融入相关理论方法实现具体建模。

充分吸取交通工程学的交通行为理论、城乡规划学的公共设施布局理论、地理学的区位理论与方法等领域国内外研究成果，引入活动行为数据融合与挖掘、GIS 空间分析和空间计算模块等相关学科中的理论概念与相对成熟方法，进行具体建模。

1.3.3 在总结经验基础上，进行规划方法的优化

充分利用研究团队多年来在城市社区、交通行为、设施区位研究方面的经验积累，深入调研国内外城市以中低收入人群为主社区公共设施发展，从促进社会公平、提高社区建成环境质量、促进社区可持续发展等角度，前瞻性分析我国郊区保障性社区公共服务设施布局的新任务和新方法，形成明确人群活动需求、解析出行行为与公共设施内在关联、促使活动模式选择的新规划方法。

本章注释

① 周一星，孟延春. 中国大城市的郊区化趋势[J]. 城市规划汇刊，1998(3)：22-27.

② 王馨颜，尹祖杏，何大明，等. 中国城市郊区化问题研究综述[J]. 云南地理环境研究，2007(4)：78-82.

③ 张贡生，孙晓娜，李玮. 郊区化研究综述[J]. 湖北经济学院学报，2009，7(6)：59-65.

④ 陈肖东. 2017 年北京保障房完工 9 万套比目标任务超额完成 3 万套[EB/OL]. (2017-12-07)[2018-06-22]. http://news.163.com/17/1207/13/D52CTB6K00018AOR.html.

⑤ 北京市住房和城乡建设委员会. 北京市 2018 年住房保障建设计划[EB/OL]. (2018-02-25)[2018-06-22]. http://www.bjjs.gov.cn/bjjs/zfbz/index.shtml.

⑥ 广州市住房和城乡建设委员会. 广州市住房和城乡建设委员会 2017 年工作总结和 2018 年工作安排[EB/OL]. (2018-02-01)[2018-06-22]. http://www.gz.gov.cn/gzgov/s2823/201802/24f7ac0d32344cec90d3ab7f5f858920.shtml.

⑦ 罗若愚，刘怡，踪家峰. 成都保障性住房与公共服务设施空间匹配研究[J]. 西安电子科技大学学报(社会科学版)，2017，27(2)：35-43.

⑧ 成都市城乡建设委员会. 成都市住房保障五年规划(2017—2021 年)[EB/OL]. 2017：9-16[2018-06-22]. http://gk.chengdu.gov.cn/uploadfiles/07030202090104/2017111520410416.pdf.

⑨ 魏宗财，陈婷婷，孟兆敏，等. 广州保障性住房的困境与出路：与香港的比较研究[J]. 国际城市规划，2015，30(4)：109-115.

⑩ 上海市统计局. 2017 年上海市国民经济和社会发展统计公报[EB/OL]. (2018-03-08)[2018-06-22]. http://www.stats-sh.gov.cn/html/sjfb/201803/1001690.html.

⑪ 中商产业研究院. 上海市住房发展"十三五"规划：新增保障性住房 55 万套(全文/政策解读)[EB/OL]. (2017-07-07)[2018-06-22]. http://www.askci.com/news/chanye/20170707/170016102457.shtml.

第 2 章　国内外相关研究综述

2.1　活动——行为分析研究进展

活动行为分析是当前地理学和交通学领域关注的热点问题。

2.1.1　移动(交通行为)在活动空间中具有重要作用

自 20 世纪 60 年代行为地理学兴起后,关于城市日常活动系统的研究成为当前西方人文地理学、行为地理学在城市领域中的重要研究议题。城市日常活动系统是指居民在进行各种日常活动(如通勤、购物、休闲、就医等)过程中形成的一种无形的空间体系,是个人连续的行为所形成的空间形态与结构系统[①]。这为从微观层面上解析城市空间体系提供了独特的视角。

早期查宾(Chapin)[②]所提出来的活动框架中,强调不同空间位置(尤其是绝对距离因素)为那些能够满足人类需求的活动提供了特定条件,却忽略了移动在这个过程中的重要性,也没有将移动作为解释活动的自变量。当哈格斯特朗(Hagerstrand)[③]把人类活动落实到时空图上的时候,移动在活动空间中的重要性才得以体现。柴彦威认为[④],出行的距离、目的地及方式等都反映并限制人类行为在空间和时间上的结构,这种作用在日常活动空间上表现得尤其重要。移动将分散的活动地点连接起来形成城市活动体系,从而能够更好地认识活动空间的本质特征。

相比而言,国内相关研究起步较晚。自 20 世纪 90 年代以来,基于个体行为的城市研究成为人文地理学、城乡规划学等城市研究相关学科关注的热点。但基本是从行为的微观视角研究城市宏观空间结构的变化,如利用出行行为分析城市商业中心结构[⑤]、从市民消费行为特征研究城市商业空间变化[⑥]以及基于通勤行为的城市空间解读[⑦]。

2.1.2　交通行为分析理论模型

到目前为止,交通学领域有关交通行为分析理论主要集中在离散选择模型、基于活动的交通行为模型以及结构方程模型三个方面。

(1) 基于出行的离散选择模型,始于 20 世纪 60 年代,其理论基础根源于兰卡斯特(Lancaster)的消费者需求微观经济理论和塞斯顿(Thurstone)、马尔沙克(Marschak)及麦克法登(McFadden)发展的随机效用理论。离散选择模型可分为决定论类型和概率论类型,决定论类型中有数量化理论和判别分析等;概率论类型,最有代表性模型为 Logit 模型。在交通行为分析中采用离散选择模型的目的,是通过对个人交通行为进行系统化理解,预测某种交通政策所产生的交通状态,以及评价政策效果等。

(2) 基于活动的交通行为模型,考虑人类活动与交通移动之间的关系,必须承认交通需求是伴随行动的实施被诱发的行为,出行是个体在时空间生活行为的一部分。基于这种认识所建立的研究方法被称为基于活动的交通行为模型(activity-based approach)[8]。基于活动分析方法,从交通的源头出发,将出行目的和同质行为人群作为分类标准,根据实际数据和偏好数据深入分析居民的交通行为特征,研究活动分析方法与交通需求管理策略之间的关系,为中微观交通规划方案、交通需求管理策略制定和决策分析提供切实的依据。

(3) 结构方程模型(SEM)是一种建立、估计和检验因果关系模型的方法。模型中既包含有可观测的显在变量,也可能包含无法直接观测的潜在变量。结构方程模型可以替代多重回归、通径分析、因子分析、协方差分析等方法,清晰分析单项指标对总体的作用和单项指标间的相互关系。与传统的回归分析不同,结构方程分析能同时处理多个因变量,并可比较及评价不同的理论模型。

结构方程模型用于分析基于活动的交通行为,自 20 世纪 80 年代起在国外交通行为分析领域获得了多方面的应用。佐佐木(Sasaki)等[9]尝试从社会经济属性和意愿数据中提取潜在的态度因素数据,分析出行行为和方式选择。

2.2 社区公共服务设施空间规划理论演进

公共服务设施的空间配置问题既是城乡规划领域,也是地理学领域重要的研究议题。

2.2.1 国外社区公共服务设施空间规划理论研究

在城乡规划社区规划理论各阶段演进中,公共设施的布局始终是构成其规划模式及理论的核心内容之一。

早期田园城市的模式是一个放射状的同心圆结构,从中心向外分别是中心花园、公共服务设施、商业服务区、居住区、工业区、外围绿化带。田园城市中心是花园式的市民活动区,包括市民活动中心、文化设施和管理设施,例如:政府、音乐厅、剧院、图书馆、医院等。

1920 年,克莱伦斯·佩里(Clarence Perry)在为纽约做规划时,采用邻里单位的模式。城市干道位于邻里外部,以一个小学的服务半径(1/4 英里,约合 400m)为单位,大约服务 5 000 户居民,日常生活需要的设施都被安置在步行距离之内。小学、教堂、图书馆以及公共活动中心等公共设施位于中心位置的广场或绿地中,商业则位于邻里的周边,紧邻城市干道。人们的日常生活在邻里内部得到满足,不需要穿越城市干道。

20 世纪 50 年代初期,苏联在城市建设时增大了城市路网间距,形成扩大的居住小区模式，同时配置更多的公共设施类型，例如：托儿所、幼儿园、食堂、学校、电影院以及各种商业设施等。20 世纪 50 年代，这种模式传入中国，对我国的住区规划以及公共设施设置产生重大影响。

20 世纪 90 年代，传统邻里开发（TND）和公交导向开发（TOD）是两种典型的新城市主义住区和城市发展模式。传统邻里开发既可以是一个住区模式，也可以是更多的 TND 形成一个城市。TND 模式的倡导者安德里亚斯・杜安尼（Andreas Duany）总结了 TND 的 13 个特点，其中与公共服务设施有关[10]：教育、宗教和文化建筑要位于街道视觉端点或社区中心；步行距离内要有一所小学，不超过 1000m；商店和办公空间在社区边缘，便利店最重要。公共交通导向开发是与紧凑型城市思想密切相关的城市规划策略。TOD 的典型模式是围绕着公共交通站点或公交枢纽布置高密度多功能混合社区，各种公共设施布置在公交站点或交通枢纽四周，商务办公布置在公交干线沿线，可以在更大范围内形成“公共设施服务轴”，社区内鼓励步行等慢行交通。

2.2.2　国外社区公共服务设施规划建设经验

1. 公共服务设施空间布局

1）英国经验

英国社区公共设施规划伴随新城建设而演变。从 1947 年到 1980 年代，英国经历了三代新城的建设，社区人口规模从 8 万人提高到 25 万人，规模大大增加，公共服务设施配置需求增强，以保证新城功能多样化，并提升新城的综合服务能力。1950 年，以汉莫尔城新城（Han Moore city）为代表的第一代新城建设，规划人口 8 万人，居住区以邻里单位的模式建设，每个邻里有自己的社区中心，较低的人口规模限制了新城就业和服务业的发展，也导致了第一代新城发展失败。1980 年，以密尔顿・凯恩斯（Milton Keynes City）为典型代表的英国第三代新城，人口规模达到 25 万人，规划提出了“新社区”的规划方法，利用网格道路布局，每个网格约 $1km^2$ 构成一个社区，每个新社区不仅规划为居住生活区域，也将农业用地纳入规划范围，建立一种较为独立平衡的聚居模式。在社区内部建设的公共活动中心，与第一代新城相比，不再设置在邻里的中心区位，而是位于社区的边缘，即交通流的节点上，保证一个中心可为两个或多个社区共享。同时，新城建设除了基本的公共和市政基础设施外，增建了更为完善的生活服务设施和文化设施，提高新城的活力[11]。

2）新加坡经验

新加坡采用 TOD 模式进行公共设施规划，形成高效的公共设施和基础设施体系。规划明确界定设施的服务范围，即区一级公共服务中心（5 个分区）——镇一级公共设施（人口规模为 15 万～20 万人）——邻里中心（人口规模为 1 万～2 万人）。

新加坡分为东区、东北区、北区、西区、中区共 5 个区域，东区、北区、西区 3 个区因距离中心区相对较远（15～20km），因此分别设置了淡宾尼、兀兰和裕廊东 3 个区级公共服务中心。新加坡在5个区的基础上，进一步细分为55个规划区，其中有23个规划区为相对独立的新镇。每个新镇为一个镇级单元，设置镇中心，是一个相对平衡的独立功能区，人口规模为15万～20万人，由8～12个小区组成，用地5～10km，镇一级公共设施包括医院、图书馆、体育中心、商业中心等设施，占地规模一般在$10hm^2$左右，这些较大型设施服务半径在1.3～1.5km，可涵盖全镇。

镇一级公共设施的配置模式经历了从水平组合到功能高度复合的转变，在传统镇(如大巴窑镇)，每类公共设施功能采取独立用地进行分别配置；而在盛港新镇，这些公共设施功能配置则高度复合，一个综合的建筑体内立体化复合了图书馆、诊所等设施，且与地铁站点充分衔接，在建筑内部可方便地实现公交、轻轨和地铁的换乘。

在镇一级基础上，划分邻里单元，设置邻里中心，服务人口规模为1万～2万人。邻里中心采用社区综合商业的规划模式，把社区菜市场、社区商店、理发店、餐饮、诊所等设施集中在社区中心，对文化活动室、体育活动场地进行分离设置。一个典型的邻里中心设有35个商店和2个食阁(餐饮)、1个超级市场、1个菜市场、1～2台自动提款机，其必备功能有：诊疗所及牙医、面包店、文具店、中西医疗、托儿所、服装店、眼镜店、理发店、家庭用品、书局、家庭娱乐中心。这样邻里中心实际上为社区的日常购物中心，而社区文化和体育活动场所与邻里中心的布局相对分散，这一模式对于强化社区交往氛围来说并不理想。邻里中心承担了集中的商业中心功能后，在居住区几乎没有任何商业，导致居民日常使用商业设施不便。

2. 公共服务设施供给

从国际上看，发达国家已成功探索了引进市场机制建设公共产品的经验，至今仍在探讨公共产品投融资、经营和管理等各环节的运营体制改革途径。政府充分遵循和利用经济规律，将公共产品的生产职能向市场转移，以克服政府提供公共产品效率低下、浪费严重的弊端。

新加坡在社区公共设施的运作方式中，社会公共产品由政府相关机构出资建设，社会准公共产品的建设资金可由专营机构、业主或私人开发商承担，开发商提供私人产品的建设资金。

香港政府采取的公共产品供给方式有四种：公办公营式、公办商营式、专利经营式、私商经营式。公共产品供给方式有三个特点：

一是“决策”和“执行”相对分离。政府负责向社会提供一定数量和质量的公共产品，但并不完全由政府直接生产，公共产品所需的资金来源于政府预算，并在政府的直接监管下进行生产。

二是比较成功地将市场机制引入公共产品领域。在公共产品供给中，打破了产品生产的政府垄断，使行政机构与公营机构之间、公营机构之间、私营企业与公营企业之间在产品供给中形成竞争。

三是私营企业介入公共产品领域的深度和广度逐步加大，减轻了政府财力负担，同时通过引入竞争机制提高产品供给的效率和质量，有利于公营企业提高经营效率，从而为消费者获得更好的产品供给和稳定的公共产品价格创造了良好的基础。

美国将与城市建设相关的公共产品分成四类：社区设施、公共安全设施、文化游憩设施和社区发展及环境管理设施，投资来源有三个渠道：地方财政、联邦补助及其他资金。

2.2.3　国内社区公共服务设施规划建设经验

1. 我国社区公共服务设施规划研究进展

从20世纪90年代开始，国内规划学者针对社区公共服务设施规划建设进行了大量的研究。从研究内容的变化来看，大致可以划分为两大阶段。

第一阶段，是20世纪90年代至2002年前后《城市居住区规划设计规范》的修订。这一阶段研究的主要内容是社区公共服务设施空间布局的定性分析[12]和针对《城市居住区规划设计规范》修订的讨论，其中对社区公共服务设施配建指标的讨论是当时一大热点[13,14]。另外有学者开始从社区公共设施的需求趋势方面进行研究[15-17]。

第二阶段，2004年之后至今。这一阶段呈现出研究对象精细化的大致趋势。主要研究内容可粗略分为以下四部分：①对社区公共服务设施配置合理化的研究，其中2006年至2010年期间，全国很多地方城市分别研究制定了各地的居住区公共服务设施配置标准[17-23]。②对社区公共服务设施开发模式的讨论[24-29]。③针对社区某一类公共服务设施进行深入研究，包括：以老年人的生理、心理和行为特征及需要为基础对老年社区公共服务设施的定性研究[30]；对社区教育设施的分类、设置级别、配置标准以及建设模式等的研究[31-33]；对社区文化设施设计实施的研究[34]；针对郊区居民商业设施使用特征进行研究[35]。④对使用公共设施的人群的各种使用行为开始进行研究，包括：对流动人口使用公共服务设施的使用特征进行研究[36]；对保障性社区公共服务设施使用满意度的讨论[37]。

2. 居住区公共服务设施指标配建

针对市场经济条件下居民需求的分化及市场规律的作用，以及社区老龄化、社区服务迅速发展以及住宅建设市场化运作等多方面的需求，围绕我国《城市居住区规划设计规范》的修订，研究探讨社区公共服务设施应"建什么""建多少"的问题。赵民[38]最早提出，市场经济下城市社区空间分层日益明显，经济收入的差异、文化价值取向的差异、年龄结构的差异等导致了需求的分化，"分级配套"和"千人指标"无法兼顾配套设施多样化的要求，因而需要根据服务对象"量体裁衣"区别对待，并处理好公共设施区域统筹和社区内平衡的关系。刘冰[39]以上海不同类型住区的典型调查为基础，分析了城市居住空间分异的现象，考虑不同人群对公共服务的需求层次有差异，在社区规划中应针对不同住户市场和地区设施状况，对公共设施配套进行合理定位，而不宜采用单一的标准。贺静[40]也提出利用"千人指标"为不同规模住区配置商业设施时，都存在控制失灵问题。胡晔[41]和武田艳[42]对规划标准进行了探讨。

同时部分城市根据实际情况对原有居住区、小区、组团的三级配套模式进行了改革。上海、广州、深圳、重庆等主要城市的公共服务设施配套建设指标均在“居住区级”以上增加了一个等级——“居住地区级”，在整个城市层面建立市、区、居住地区、居住区及居住小区级的公共设施分级体系。“居住地区”这一级的人口规模，各大城市的规定不完全一致，但基本在10万～20万人（表2-1）。

表2-1　部分城市公共设施分级与国标的比较（单位：万人）

设施分级	国标	北京	上海	深圳	南京	重庆
居住地区级	—	—	20	15～20	20～30	10～20
居住区级	3～5	4～6	5～10	4～6	3	3～6
居住小区级	1～1.5	1～2	2～5	1～2	0.5～1	0.45～1.5
居住组团级	0.1～0.3	0.3～0.5	0.2	—	0.5～1	0.09～0.3

资料来源：《城市居住区规划设计规范》GB 50180－93（2016年版）

3. 公共服务设施空间布局

国内关于公共服务设施空间规划模式的研究，多体现在地理学有关公共设施区位研究成果中，城市规划学者关于公共设施空间规划方面的理论研究不多。

规划建设实践方面，郭素君[43]在借鉴新加坡空间布局方法的基础上，在深圳光明新区的规划实践中提出了划分规划单元的规划方法（图2-1），包含3个层级：居住地区级—居住区级—社区级。对社区单元内公共设施配置建设模式规划为：公共设施集中，商业街贯穿和线性公园打造，引导每个社区形成一个邻里中心。这里的“邻里中心”不同于新加坡的邻里中心，不是社区商业中心的概念。邻里中心包括“三中心、两场地”，即社区综合服务中心、社区健康服务中心、社区文体活动中心、社区文体活动广场、社区体育活动广场。吴忆凡[26]提出了三种公共服务设施规划模式：沿周边道路布置住宅区配套设施、商业街和公共服务设施带。刘小波[44]认为，居住区—居住小区—组团的层级划分，是针对大型封闭社区进行公建配套的思路，提出了开放的小街坊住区更易于实现公共服务设施空间布局的统筹设置。

4. 公共服务设施供给研究

有关社区公共服务设施，在集中探讨其配建指标体系问题的同时，供应模式的问题也成为探讨的重点，即“谁来建”和“怎样建”。杨震[45]认为大量实践表明，在我国城市建设主体日益多元化的背景下，提出社区配套公建建设应遵循“责任分担”“熟地＋净地出让”“资金统筹”和“公众参与”的原则。对于城市居住区公共服务设施建设费用合理分摊的问题，陶小马[46]分析了各类设施的经济属性，对于各类设施费用的合理承担者提出了建议。雍翎[47]也对社区公共设施不同产品的运作机制进行了分析，认为城市社区公共设施的运作需要协调政府、市场、公众三方利益，共同推动城市社区公共设施的有效运转。费彦[48]在基于相关研究的基础上，对广州市居住区公共服务设施供应进行研究，认为公共设施应根据产品的不同性质，探索多元化的供给形式，

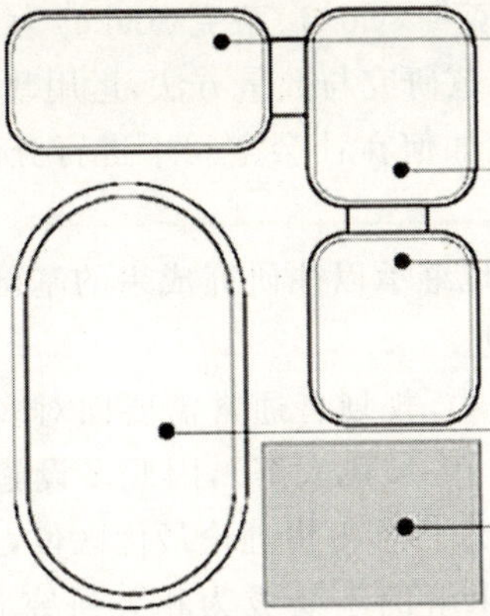

图 2-1　深圳光明新区“邻里中心”建设示意图

区分公共产品供给与生产，引入竞争机制，推动城市公用事业的市场化和政府公共服务生产方式的创新。要从“投资”“建设”和“运营”三个环节分析居住区公共设施的供应问题。公共服务的实现必须以政府为主体，同时依赖政府、市场和社会在投资、建设和运营三个环节中的共同参与。

2.3　公共设施区位理论的演进及研究进展

2.3.1　国外公共设施区位研究

公共服务设施的空间配置，本质上是空间的选址优化和区位优化，国外地理学从区位理论进行的研究较多。

德维特尔(Deverteuil)[49]将 1998 年以前西方城市公共设施区位理论总结为三个大阶段：

(1) 创始阶段，公共设施区位理论的创建应归功于美国经济学家泰兹，在其 1968 年发表的《走向城市公共设施区位理论》一文中，指出公共设施区位决策从根本上区别于私人设施，开创了地理学中与传统经济区位理论相区别的公共设施区位理论。泰兹卓有远见地突破了政府财政预算限制下效率优先的束缚，强调了公共设施公平配置与福利最大化的观点；同时他倡导的定量化方法对公共设施区位研究产生了深远的影响。

(2) 数量阶段，在 20 世纪 70 年代行为主义与数量模型时期，数量地理学者与区域学者围绕评价公平与效率的一系列区位因素(设施距离、分布模式、可达性、认知影响与外部效应等)对泰兹理论模型相对有限的解释变量进行扩展。这一时期的一个贡献在于将行为分析方法运用于设施区位研究中，使数量模型逐渐与人类选择公共设施行为模式相结合。

(3) 后数量阶段，人文地理学发展到后数量阶段，依赖于数量方法与模型构建的传统公共设施区位理论受到持续批判。以考克斯(Cox)、莱克(Lake)为代表的马克思主义地理学家针对邻里设施，抛开传统的规范研究与数量方法，运用政治地理学以及国家社会理论，将重点放在分析成本与收益如何在社会空间中进行分配这一更广泛的问题上。

20世纪90年代中后期以来，学者在批判地继承以往研究成果的基础上，进一步将公共设施区位理论与方法向综合性研究推进。

在多设施、多目标复杂区位模型相关研究中，规划者通常需要面对多个设施，且需考虑多种区位评价指标(如交通成本最小、服务域最大等)，因此多设施、多目标区位模型逐渐受到关注，学者通过平衡一系列选址目标得出理论最优区位，并结合现状确定设施优化布局方案[50]。但复杂区位模型求解的不易成为相关研究和应用中的困难。

从空间可达性的视角分析设施区位合理性方面，地理学者通常采用GIS从空间可达性视角出发，对设施分布现状进行均衡性评价，以此为基础调整设施布局，取得了较为满意的效果。空间可达性方法主要包括距离法、累积机会法、重力模型法、基于矩阵的拓扑法、核心密度法(kernel density method)等[51]。

公共设施分布的公平性研究集中在两个方面：一是设施的空间可达性分布特征；二是人群不同需求的空间分异情况。近年来研究关注将二者相结合来分析公共服务设施配置的公平性[52-54]。在这些研究中，地理信息系统平台是数据处理和可达性评价的核心基础，而公平性评价的测度指标涵盖了人口的年龄、性别、种族、经济情况等。

综合西方公共设施区位研究的各个时期，学者们始终围绕社会福利这一基本出发点，以平衡公平和效率为主线，由绝对的计量方法逐步发展为人文服务背景下的综合研究。时至今日，公共设施区位研究日趋微观化，是计量方法与人文思想的深入融合，因空间范围与供需主体特性而异的区位研究范式体现了本质的人本情怀[55]。而地理信息系统平台，由于其在数据存储、处理及空间分析上的优势，已成为研究中不可或缺的技术支撑。

2.3.2 国内公共设施区位研究

受西方影响，国内学者从20世纪90年代末开始关注公共设施区位研究，21世纪以来，随着“基本公共服务均等化”在国内日益受到关注，教育、医疗、消防、紧急避难等各类设施区位问题逐步成为研究热点。

王亭娜[56]基于空间公平的原则，采用空间可达性评价对仪征市医院和高级中学的空间布局效应进行定性和定量的分析，以此为依据提出了布局优化策略，为制定相应公共产品供给政策提供了一定的理论依据。陈鸿[57]以安徽省六安市为例，通过定位-配给模型(Location-Allocation Model, LA)，对消防站空间布局进行优化，并运用可达性评价指标进行验证。王铮[58]等将LA模型与GIS进行集成，实现设施区位模型的计算与应用，具有一定的典型性。

国内公共设施区位研究主要随着地理信息系统技术的发展逐渐开展起来，主要从空间可达性分析、LA 模型构建两个角度展开，在技术方法和实证经验上取得了一定积累，但研究起步较晚，仍以计量方法为主，较多集中在从公共设施角度，计算距离或者可达性，很少从人本服务角度考虑居民的行为偏好和实际需求。

2.4 居民出行与公共服务设施布局研究进展

2.4.1 国外相关研究

出行行为是自我选择与环境制约的综合作用结果。国外相关的交通行为研究集中在两个方面，一是探索自我选择下的出行行为，如公共设施可达性、出行费用等对居民选择行为及出行偏好的影响；另一方面，越来越多的学者开始关注居民出行所受到的建成环境制约，而公共服务设施也是建成环境的构成要素之一。

不同类型公共设施的可达性对居民的出行方式、出行距离以及出行频率有着不同程度影响的关系，2000 年，法辛(Farthing)、温特(Winter)库姆斯(Coombes)[59] 的研究证实，如居民对邮局和药店这类标准化很高的设施的选择原因，是选择刚好“碰到”的或者“最方便前往”的设施；然而其他的如休闲设施，它的可达性跟居民的访问频率有着正相关的关系。此外，研究也涉及公共设施种类与出行方式和出行距离的关系，研究结果显示，公共服务设施的提供量能有效地帮助降低小汽车的出行距离。同时，更多可选择的前往公共设施步行距离对居民的出行方式从开车到步行的转变有着积极影响。居民个人和家庭属性、私家车保有量等因素对出行方式的影响比公共服务设施可达性对出行方式的影响更大。纳斯(Nass)[60] 研究提出居民选择不同地点的公共服务设施与设施种类有关。例如对于一些服务水平差异不大的设施(如邮局)，居民通常会选择离自己最近的一个；然而对于一些公共设施，如电影院、娱乐设施、商店等不同地方的设施其服务质量和象征意义不同时，许多其他非距离因素便成了居民选择公共设施时考虑的重要原因。哈林(Horing)等人[61] 研究认为，居民与公共服务设施的实际距离对居民个人评估出行所需时间有着重要的影响。社区和公共服务设施越近，居民对时间的估计就越准确，因此缩短社区与公共服务设施的距离对于减少出行距离、倡导环境友好型出行方式有着积极的意义。

建成环境的影响方面，汉迪(Handy)[62] 关注商业设施与购物出行方式的关系，其研究认为，商业设施覆盖率的增加将有助于减少购物出行驾驶小汽车的比例，而增加步行或乘坐公共交通的比例。拉贾马尼(Rajamani)等[63] 基于空间解析度及个人出行决策层面，通过建立分类评定(Logit)模型，认为混合土地利用和高居住密度将增加非工作出行中步行和公交的比例，而过多断头路的存在则会对步行造成负面的影响。此外，可达性的增加会大大促进休闲娱乐活动的步行及自行车出行。克里泽克(Krizek)[64] 探讨了由不同级别的社区公共服务形成的社区可达性对于出行行为的影响,如这个社区是市区TOD,还是社区TOD;是市区枢纽中心、居住片区社区中心,还是邻里中心。研究探讨并强调了出行目的分类的重要性,认为通勤出行排除后,购物等日常生活出行受社区服务可达性水平的影响最大,并划分多目的出行链,细化不同出行目的,分析这些目的受社区服务水平影响可能性的高低。研究显示,更好的社区公共服务设施可达性会使家庭倾向于更多次的出行,将产生更多的驻停次数。同时研究还指出,虽然更好的社区公共服务设施的可达性会使得居民维持性出行的距离减少,但是仍有相当比例的维持性出行在社区周边之外进行,距离较远,且该部分出行不可替代。张明(Zhang Ming)[65]基于新城市主义与精明增长策略的思想,使用波士顿的年度活动——出行调查数据,探究城市形态与非通勤出行的关系。分析显示,不同类型设施的可达性每提高一个单位标准差,则其吸引出行的强度和活动时间持续长度相应提高。研究结果表明,进一步改善公共服务设施的可达性,会产生积极的交通效用,而非吸引更多的小汽车出行。博尔内特(Boarnet)等人[66]研究美国中心型社区和廊带型社区哪一类更有助于步行出行。回归分析结果表明,中心型社区比廊带型社区具有更多的步行出行,当然在中心型社区也存在着更短的出行距离所引起的机动车出行的迹象,因此机动车出行减少的证据并不像步行增加得那么强烈。

2.4.2 国内相关研究

国内相关领域的研究起步较晚,目前相关研究成果还较少。徐晓燕[67]研究认为,仅仅关注公共服务设施与服务人口规模相对应的配建模式在实施中存在诸多的问题,社区公共设施的空间布局必须同时兼顾物质资源配置的高效性、经济性,符合居民活动行为模式。以商业设施为例,对其微观区位的最优化空间配置进行了分析,认为其布局应从"闭合系统"向"开放系统"转变、从"分级"模式向"分类"模式转变。丰玮[68]通过对合肥市居住区周边公共服务设施分布情况的调研,结合居民出行调查的统计分析,发现居民前往不同公共服务设施的出行模式与出行距离、出行频率有关,其中对最常去医疗设施的选择主要受设施的服务质量影响,对最常去的教育文体和社区服务设施的选择则受设施距离和质量的影响程度相近,而对商业设施、银行邮政类设施的首要选择主要受到距离因素的影响。

张萍[69]以上海市江桥镇的大型社区为例,通过问卷调查与实证研究,针对居民使用菜市场、大卖场、医院、银行和邮局五类公共设施的出行行为特征,分析离退休人员、本地就业者和外地来沪务工者的出行频率、出行方式、出行时间和出行满意度对比,讨论不同公共服务设施配置下的居民出行行为特征,提出基于生活圈的大型社区公共服务设施空间布局方法。孙姗珊[70]以上海市近郊与远郊的两个大型居住社区为例,通过问卷调查,分析公共服务设施配置不同的两个社区居民的出行行为差异。研究显示,公共服务设施配置较不完善地区居民的非通勤出行的出行时间更长,生活圈范围更大,并且相较于休闲娱乐出行,购物等日常生活出行这一特征更为明显。

2.5　小结

目前相关研究取得一定成果，但存在以下主要问题：

(1) 关于公共设施配置的合理性，城乡规划学和地理学分别主要从设施配建的规模和区位上分别加以分析，但空间定量分析在城乡规划领域的相关研究成果涉及不多，而以居民各类设施的活动行为特征作为规划依据的研究更是缺乏。城乡规划研究领域目前广泛采用的居住区公共服务设施规划指标体系，在指导思想上存在一定的偏差，没有根据不同居民的实际需求进行配置规划，忽略了不同居民的活动出行特征，将社区公共服务设施作为孤立的单元进行静态配置，而事实上公共设施空间布局的合理性不仅与其规模和位置有关，更与其所提供的各项结构要素在空间上能否满足服务人群的活动需求有关，更与不同居住群体不同活动行为特征的适应性相关。

(2) 关于活动行为和公共设施配置的关系，居民活动行为是多因素综合作用的结果，公共设施是因素之一。交通行为理论方法主要分析了某类公共设施及社区建成环境对居民活动和出行的影响，较少涉及公共设施整体配置和布局，而公共设施布局是城市建设和社区规划最重要的要素之一。

(3) 缺少跨学科、多视角的交叉研究。

本章注释

① 柴彦威．行为地理学研究的方法论问题[J]．地域研究与开发，2005，(2)：1-5.

② CHAPIN F S Jr. Human Activity Patterns in the City[M]. New York: John Wily&Sons, Inc，1974.

③ HAGERSTRAND T.: What about people in regional science? [C]. Papers Proc. Reg. Sci. Assoc. 24, 22-145 (1970).

④ 张文佳，柴彦威．基于家庭的城市居民出行需求理论与验证模型[J]．地理学报，2008，(12)：1246-1256.

⑤ 沈洁，柴彦威．郊区化背景下北京市民城市中心商业区的利用特征[J]．人文地理，2006，(5)：113-116，123.

⑥ 王德，张晋庆．上海市消费者出行特征与商业空间结构分析[J]．城市规划，2001，(10)：6-14.

⑦ 周素红，闫小培．基于居民通勤行为分析的城市空间解读：以广州市典型街区为案例[J]．地理学报，2006，(2)：179-189.

⑧ HILLS P J，JONES M W. The role of safety in highway investment appraisal for develo-ping countries. Accident Analysis & Prevention，1983，15(5)：355-369.

⑨ KUNIKI S, Takayuki Morikawa, Shogo Kawakami. A Discrete Choice Model withTaste Heter-ogeneity using SP, RP and Attribute Importance Ratings: Proceedings of 8th world conference on transport research: volume 3 [C]. Omaha: University of Nebras-ka Omaha Aviation

Institute. 1999.
⑩ 杨德昭.新社区与新城市:住宅小区的消逝与新社区的崛起[M].北京:中国电力出版社,2006.
⑪ 师武军.英国新城建设的经验与启示[J].城市管理.2006(5):36-38页
⑫ 周俭,张恺.优化城市居住小区规划结构的基本框架[J].城市规划汇刊,1999,(6):63-65,13.
⑬ 张仁俐,赵旭,黄宽宏,等.当前居住区公建配套标准的制订[J].城市规划汇刊,2001,(3):42-46.
⑭ 赵民,林华.居住区公共服务设施配建指标体系研究[J].城市规划,2002,(12):72-75.
⑮ 唐子来.居住小区服务设施的需求型态:趋势推断和实证检验[J].城市规划,1999,(5):31-35,62.
⑯ 叶大华.居住区公共服务设施建设现状及对策[J].城市,2001,(2):25-28.
⑰ 黄怡.居住小区公共服务设施的发展趋势及其对策[J].规划师,2002,(3):21-25.
⑱ 陶敏.新社区,新生活:社会转型期城市居住区公共设施合理化配置研究[D].南京:东南大学,2004.
⑲ 刘方.市场经济体制下城市居住区公共服务设施发展及对策探析[D].重庆:重庆大学,2004.
⑳ 周岚,叶斌,徐明尧.探索住区公共设施配套规划新思路:南京城市新建地区配套公共设施规划指引[J].城市规划,2006,(4):33-37.
㉑ 陈丽华.分区中社区配套设施用地规划的探索:以无锡市分区规划为例[J].城市规划,2006,(4):43-46.
㉒ 林振江.和谐住区公共设施配套规划[J].福建建筑,2008,(8):3-5.
㉓ 汪雪.重庆直辖十年主城住区建设研究:对外开放型公共服务设施规划研究[D].重庆:重庆大学,2008.
㉔ 李江,刘博敏.市场经济下城市住区公共设施配套的新思路:以镇江南徐新城中心区规划为例[J].江苏建筑,2006,(4):13-15.
㉕ 臧靖.经济转型时期我国居住区商业服务设施建设的思考[J].科技信息(科学教研),2007,(29):511.
㉖ 吴忆凡.当代住宅区规划中公共服务设施规划模式初探[D].西安:长安大学,2008.
㉗ 叶可央.市场导向下社区公共服务设施开发模式研究[D].上海:同济大学建筑与城市规划学院,2008.
㉘ 李玲,王钰,李郇,等.解析安居解困居住区公建设施规划建设和运营:以广州三大安居解困居住区调研为例[J].城市规划,2008,(5):51-54,87.
㉙ 徐鑫,于文波,杨育人.社区配套设施"非属地"现象及规划对策探讨[J].城市规划,2010,(8):56-60.
㉚ 项智宇.城市居住区老年公共服务设施研究[D].重庆:重庆大学,2004.
㉛ 林敏知.广州市居住区教育设施配套研究[D].广州:华南理工大学,2004.
㉜ 费彦,王世福.城市居住区教育配套设施的建设标准研究:以广州为例[J].华中科技大学学报:城市科学版,2008(1):88-91.
㉝ 万旦斐.城市居住区公共服务设施配套研究[D].上海:同济大学,2008.
㉞ 潘华.西安市商品住宅小区文化设施现状调查与对策研究[D].西安:西安建筑科技大学,2006.
㉟ 王德,许尊,朱玮.上海市郊区居民商业设施使用特征及规划应对:以莘庄地区为例.城市规划学

刊,2011(5):80-86.
㊱ 王德,顾晶.上海市流动人口的公共设施使用特征:以虹锦社区为例.城市规划学刊,2010(4):76-82.
㊲ 何芳.保障性社区公共服务设施供需特征及满意度因子的实证研究[J].城市规划学刊.2010(4).
㊳ 杨震,赵民.论市场经济下居住区公共服务设施的建设方式[J].城市规划,2002,26(5):14-19.
㊴ 刘冰,张晋庆.城市居住空间分异的规划对策研究[J].城市规划,2002,26(12):82-85.
㊵ 贺静.北京城市边缘新建住区商业配套服务设施调研报告:兼论现行"千人指标"的若干问题[R].北京:清华大学.2007.
㊶ 胡畔,张建召,等.大都市边缘区基本公共服务设施供给特征研究:以南京市为例[J].2011中国城市规划年会,2011.
㊷ 武田艳,何芳,徐玥.保障性社区公共服务设施与入住人口的互动关系研究[J].生态经济,2012(11):46-50.
㊸ 郭素君,姜球林.城市公共设施空间布局规划的理念与方法:新加坡经验及深圳市光明新区的实践[J].规划师,2010,26(4):5-11.
㊹ 刘小波.北京当前典型城市住区的共有权客体分析[A]//中国城市规划学会.城市规划和科学发展:2009中国城市规划年会论文集[C].中国城市规划学会,2009:10.
㊺ 杨震,赵民.论市场经济下居住区公共服务设施的建设方式[J].城市规划,2002,26(5):14-19.
㊻ 陶小马,孟葵.关于城市居住区公共服务设施建设费用合理分摊的若干思考[J].价格理论与实践,2003(2):48-49.
㊼ 雍翎,万东升.市场经济下城市社区公共设施的建设主体研究[J].科技资讯,2007(36):196.
㊽ 费彦.广州市居住区公共服务设施供应研究[D].广州:华南理工大学.2013.
㊾ DEVERTEUIL G. Reconsidering the legacy of urban public facility location theory in hu-man geography[J]. Progress in Human Geography, 2000, 24(1):47-69.
㊿ DREZNER Z. Dynamic facility location: The progressive p -median problem[J]. Location Science, 1995, 3(1):1-7.
(51) 程昌秀,张文尝,陈洁,等.基于空间句法的地铁可达性评价分析:以2008年北京地铁规划图为例[J].地球信息科学,2007,9(6):31-35.
(52) KIM C W, Sang-Yi Lee, Seong-Chul Hong. Equity in utilization of cancer inpa-tient services by income classes[J]. Health Policy,2005,72(2):187-200.
(53) TSOU K W,HUNG Y T,CHANG Y L. An accessibility-based integrated measure of relative spatial equity in urban public facilities[J]. Cities,2005,22(6). 424-435.
(54) NICHOLLS S. Measuring the accessibility and equity of public parks: A case study using GIS [J]. Managing Leisure, 2001, (6):201-219.
(55) 宋正娜,陈雯,张桂香,等.公共服务设施空间可达性及其度量方法[J].地理科学进展,2010(10):1217-1224.
(56) 林康,陆玉麒,刘俊,等.基于可达性角度的公共产品空间公平性的定量评价方法:以江苏省仪征市为例[J].地理研究,2009(1):215-224.
(57) 陈鸿.六安市消防站空间布局优化研究[J].消防科学与技术,2009,28(5):321-326.

⑱ 张颖，王铮，周嵬，刘筱，等. 韦伯型设施区位的可计算模型及其应用[J]. 地理学报，2006，61(10)：1057-1064.

⑲ FARTHING S, WINTER J, COOMBES J. Travel Behavior and Local Accessibility to S-ervices and Facilities[J]. In：Jenks，M. et al. eds. The Compact City：A Sustainable Ur-ban Form 3rd ed. UK：Oxford Brookes University，2000：181-189

⑳ NASS P. Urban Structure Matters：Residential location，car dependence and travel beha-vior [M]. London and New York：Routledge，2006.

㉑ HORING J，GENEIDY A，KRIZEK K. Perceptions of Walking Distance to Neighborhood Retail and Other Public Services[D]. Master Thesis：University of Minnesota，2007.

㉒ HANDY S L. Understanding the link between urban form and nonwork travel behavior[J]. Journal of planning education and research，1996，15(3)：183-198.

㉓ RAJAMANI J，BHAT C R，HANDY S，et al. Assessing impact of urban form measures on nonwork trip mode choice after controlling for demographic and level-of-service effect[J]. Transportation Research Record：Journal of the Transportation Research Board，2003，1831(1)：158-165.

㉔ KEVIN J. Krizek. Neighborhood services，trip purpose，and tour-based travel[J]. Transp-ortation. 2003，30(4)：125-158.

㉕ MING Z. Exploring the Relationship between Urban Form and Nonwork Travel t-hrough Time Use Analysis[J]. Landscape and Urban Planning，2005(10)：244-261.

㉖ BOARNET M G，JOH K，SIEMBAB W，et al. Retrofitting the suburbs to increase walking [J]. Urban studies，2011，48(1)：129-159.

㉗ 徐晓燕. 城市社区配套设施微区位布局研究[J]. 规划师，2011，27(12)：62-66.

㉘ 丰玮. 公共服务设施配置与居民出行间关系研究：以合肥市居民出行行为调查为例[D]. 合肥：合肥工业大学. 2012.

㉙ 张萍，李素艳，黄国祥，等. 上海郊区大型居住社区居民使用公共设施的出行行为及规划对策[J]. 规划师，2013(5)：91-95.

㉚ 孙姗珊，朱琛，陈川，等. 不同区位大型居住社区居民出行特征对比分析[J]. 2013 中国城市交通规划年会，2013.

第 3 章　郊区社区公共设施布局特征的量化评析

社区公共设施空间布局不仅是社区规划理论的重要内容，同时也构成居民日常活动的场所和地点，直接关乎社区生活环境的质量[①,②]。本章关注的问题是：位于郊区的保障性社区，其公共设施实际形成的空间布局形态具有怎样的特征？与中心城社区公共设施的空间布局是否存在差异？如何用定量方法进行公共设施空间布局的评析？

兴趣点作为一种新的空间数据源，具有信息量大、数据类型覆盖面广、获取相对容易等优势，其分布模式、分布密度在城市空间分析中具有重要的意义[③-⑥]。本章利用 POI 数据，借助 ArcGis 空间分析方法，量化研究上海郊区大型社区实际形成的公共设施空间布局特征，并与中心城社区进行对比分析。

3.1　研究方法与数据来源

3.1.1　研究方法

1. 核密度估计法

核密度估计(kernel density estimation)是在概率论中用来估计未知的密度函数，属于非参数检验方法之一，由 Rosenblatt 和 Emanuel Parzen 提出，又名 Parzen 窗(Parzen window)。Ruppert 和 Cline 基于数据集密度函数聚类算法提出修订的核密度估计方法，其特点是没有一个确定的函数形式及通过函数参数进行密度计算，而是利用已知的数据点进行估计。方法是在每一个数据点处设置一个核函数，利用该核函数(概率密度函数)来表示数据在这一点邻域内的分布。对于整个区域内的所有要计算密度的点，其数值可以看作是其邻域内的已知点处的核函数对该点的贡献之和。因此，对于任意一点 x，邻域内的已知点 x_i 对它的贡献率取决于 x 到 x_i 的距离，也取决于核函数的形状以及核函数取值的范围。

核密度估计是点模式分析中最常用、最有效的方法之一，被广泛应用于空间热点分析与探测研究中，可以量化分析社区公共设施分布的集中度，以及设施集中热点在空间上的分布[⑦,⑧]。它是利用 ArcGis 中的空间平滑技术，对点状数据进行平滑处理，以此来估算样本点周围的密度。在二维空间中，核密度函数公式一般为：

$$\lambda(s) = \sum_{i=1}^{n} \frac{1}{\pi r^2} \Phi\left(\frac{d_{ls}}{r}\right) \tag{3-1}$$

式中　$\lambda(s)$——设施点 s 的核密度估计值；

r——核密度函数的搜索半径；

n——样本设施数；

d_{ls}——设施点 l 与 s 间的距离；

Φ——距离的权重[9]。

2. 平均最邻近距离

平均最邻近距离分析(average nearest neighbor analysis)首先测量每个要素的质心与其最近邻要素的质心位置之间的距离,然后计算所有这些最近邻距离的平均值。如果该平均距离小于假设随机分布中的平均距离,则会将所分析的要素分布视为集聚要素;如果该平均距离大于假设随机分布中的平均距离,则会将要素视为分散要素。

平均最邻近距离法是通过计算最邻近点的平均距离与随机分布模式中的最邻近点的平均距离比率 R,来判定点事物的空间分布特征。采用平均最邻近距离法量化分析社区公共设施的空间布局特征,可以判断公共设施是均匀分散分布、集聚分布、还是“集中+分散”的随机分布(图 3-1)。其中均匀分散分布表示每个点与其他的最邻近点的距离大致相等,集聚分布表示存在一组或一组以上的点群,每个点与其最近邻各点的距离很小,而另外的很大区域则没有点。随机分布表示有些点较为集中,有些点较为分散[10,11]。

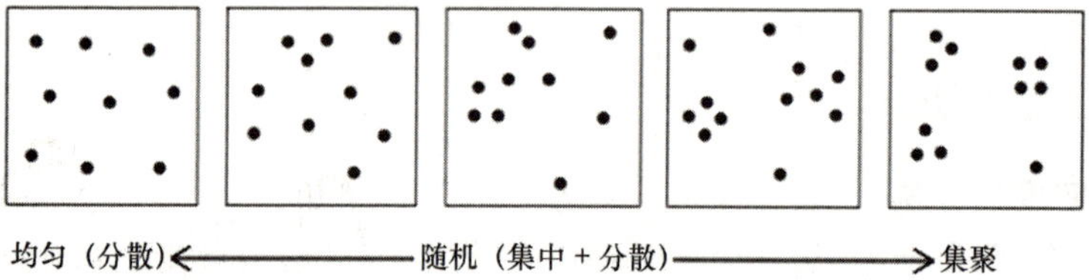

图 3-1 点事物空间分布特征示意图

该比率 R 的公式为：

$$R=\frac{d_i}{d_0} \tag{3-2}$$

$$d_0=\frac{1}{2}\sqrt{N/A} \tag{3-3}$$

式中 d_i——公共设施之间最邻近距离平均的实测值；

d_0——公共设施之间最邻近距离的期望值；

N——公共设施的数量；

A——区域的面积。

当 $R<1$ 时,表示公共设施为集聚分布;当 $R>1$ 时,表示公共设施为均匀分散分布;当 $R=1$ 时,表示公共设施为既有集中又有分散的随机分布。R 的范围是:$0\leqslant R\leqslant 2.14$。此外 R 值有标准差,用 Z 表示：

$$Z=\frac{(d_i-d_e)\sqrt{\frac{N^2}{A}}}{0.26136} \tag{3-4}$$

式中,Z 值的临界值为 2.58,1.96,1.65,对应 d 值为 0.01,0.05,0.10。当 d 值大于

0.05时，则不能拒绝零假设，公共设施表现为随机分布。

3.1.2　数据来源及研究社区

1. 数据来源

兴趣点(Point of Interest，POI)，指某人可能觉得有用或有吸引力的特定地点。例如，某家餐馆、某个便利店，或是博物馆或是旅游景点，这些都能看做是一个 POI。POI 数据泛指一切可以被抽象为点的地理实体，尤其是与人们生活密切相关的设施，是电子地图上的某个地标，并包含经纬度、地址、名称、类型等属性信息。电子地图中每一个地名、公园、学校、医院、公司、商场等都是一个兴趣点。

百度地图开发平台(http://lbsyun.baidu.com/)提供了用户通过其 API 接口进行 POI 数据检索的服务。百度地图对于 POI 分类分为两级，具体类目见表 3-1。

表 3-1　百度地图 POI 分类

一级行业分类	二级行业分类
美食	中餐厅、外国餐厅、小吃快餐店、蛋糕甜品店、咖啡厅、茶座、酒吧
酒店	星级酒店、快捷酒店、公寓式酒店
购物	购物中心、百货商场、超市、便利店、家居建材、家电数码、商铺、集市
生活服务	通讯营业厅、邮局、物流公司、售票处、洗衣店、图文快印店、照相馆、房产中介机构、公用事业、维修点、家政服务、殡葬服务、彩票销售点、宠物服务、报刊亭、公共厕所
丽人	美容、美发、美甲、美体
旅游景点	公园、动物园、植物园、游乐园、博物馆、水族馆、海滨浴场、文物古迹、教堂、风景区
休闲娱乐	度假村、农家院、电影院、KTV、剧院、歌舞厅、网吧、游戏场所、洗浴按摩、休闲广场
运动健身	体育场馆、极限运动场所、健身中心
教育培训	高等院校、中学、小学、幼儿园、成人教育、亲子教育、特殊教育学校、留学中介机构、科研机构、培训机构、图书馆、科技馆
文化传媒	新闻出版、广播电视、艺术团体、美术馆、展览馆、文化宫
医疗	综合医院、专科医院、诊所、药店、体检机构、疗养院、急救中心、疾控中心
汽车服务	汽车销售、汽车维修、汽车美容、汽车配件、汽车租赁、汽车检测场
交通设施	飞机场、火车站、地铁站、长途汽车站、公交车站、港口、停车场、加油加气站、服务区、收费站、桥、充电站、路侧停车位
金融	银行、ATM、信用社、投资理财、典当行
房地产	写字楼、住宅区、宿舍
公司企业	公司、园区、农林园艺、厂矿
政府机构	中央机构、各级政府、行政单位、公检法机构、涉外机构、党派团体、福利机构、政治教育机构
出入口	高速公路出口、高速公路入口、机场出口、机场入口、车站出口、车站入口、门(备注：建筑物和建筑物群的门)、停车场出入口
自然地物	岛屿、山峰、水系

资料来源：百度地图开发平台 http://lbsyun.baidu.com/index.php? title=lbscloud/poitags.

本研究 POI 数据(2015 年)在百度地图上爬取,经过去重、纠偏与空间匹配,提取得到上海市 POI 数据 394 037 条。根据《城市居住区规划设计规范》(GB 50180—2018)及居民对日常生活设施的需求,筛选出教育、医疗卫生、金融邮电、市政公用、商业服务、文化体育 6 大类,每大类下又分为若干小类,共得到 25 小类公共设施(表 3-2),将 POI 数据与公共设施类型进行匹配,共得到 POI 数据 115 784 条。

表 3-2　　社区公共设施分类

公共设施大类	公共设施小类	公共设施大类	公共设施小类
商业服务	餐饮	教育	中学
	便利店		小学
	果品店		幼儿园
	蔬菜市场	医疗卫生	社区卫生中心
	商场		医院
	家电卖场		药店
	理发店	金融邮电	银行
	超级市场		自动取款机
文化体育	影剧院		邮电所
	休闲场所	市政公用	公交站
	娱乐设施		地铁站
	运动健身场馆		公园
	图书馆		

2. 研究社区

以城市内环和外环为界可以将上海市划分为内环内的中心区、内外环之间的外围区和外环外的郊区,外环以内的中心区和外围区统称中心城区。研究选取的六个案例社区,都是远离市级公共中心和区级公共中心、以居住为主的社区,分别是位于中心区的长寿路社区,位于外围区的大华社区,以及位于郊区的顾村社区、吴泾社区、桃浦社区和江桥社区(图 3-2)。

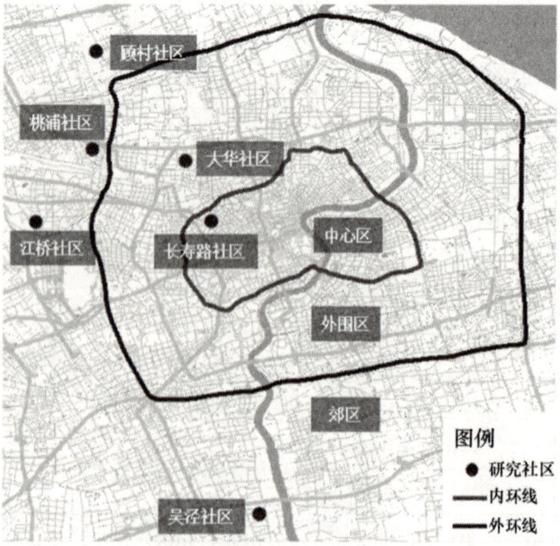

图 3-2　案例研究社区

3.2　上海市社区公共设施空间布局特征

基于筛选的 6 大类、25 小类社区公共设施 POI 数据，采用 ArcGis 的核密度估计法，分析上海全市社区公共设施的空间布局和公共设施的核密度分布特征(图 3-3、图 3-4)。从全市来看，上海社区公共设施分布总体呈现大集聚、小分散的空间格局，设施数量呈现由中心城区向郊区递减趋势，同时在郊区又形成多个规模较小的集聚中心。

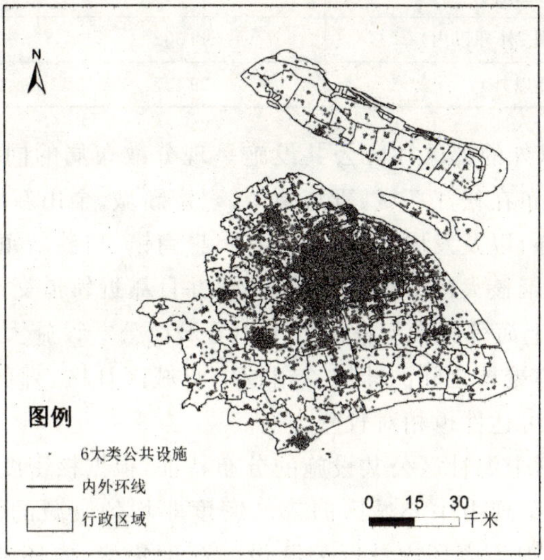

图 3-3　上海市社区公共设施空间布局图

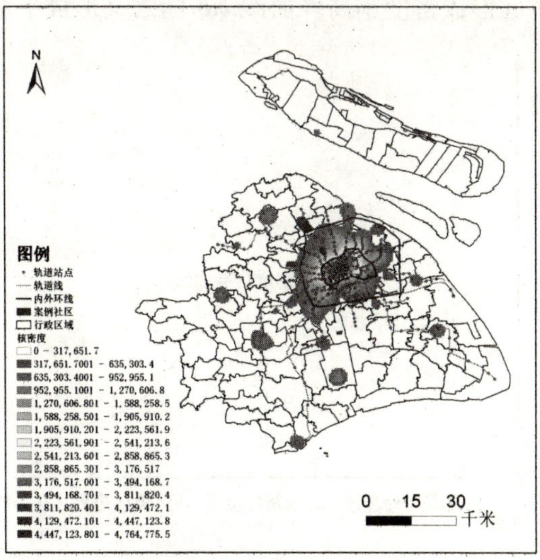

图 3-4　上海市社区公共设施核密度图

(1) 上海社区公共设施量的66%集中在外环以内的中心城区域,其中中心区设施量占总量的27.5%,外围区设施量占总量的38.5%(表3-3)。上海外环以内社区公共设施形成连片的集聚,其中核心集聚主要在黄浦区、静安区,次级集聚主要在徐汇区北部、长宁区东部、普陀区东部、虹口区南部、杨浦区南部、浦东新区西部。

表 3-3　　上海市社区公共设施数量的空间分布

区域	6大类设施量/处	比例
中心区(内环以内)	31815	27.5%
外围区(内环以外、外环以内)	44532	38.5%
郊区(外环以外)	39437	34.0%

(2) 上海外环以外的郊区社区公共设施呈现分散布局的同时,也形成小规模的设施集聚核,主要分布在松江新城、青浦新城、嘉定新城、金山新城、南桥新城、城桥新城等郊区的新城中心,以及发展较好的安亭镇、惠南镇、川沙新镇、江川路街道等。此外,郊区公共设施集聚核大都有轨道交通相连,并且靠近轨道交通站点。

(3) 整体来看,上海郊区大型社区处于中心城区公共设施大集聚核的边缘,以及郊区公共设施次级集聚核之间的洼地。相较中心城区社区,郊区大型社区公共设施建设明显落后,设施可达性也相对较差。

为了进一步探索上海社区公共设施的分布特征,根据核密度估算图,抽象出公共设施密度空间模式,呈现由中心城区向郊区密度非均匀衰减的倒"S"形曲线空间模式(图3-5)。具体表现为内环内社区公共设施高度集聚,内环到外环间形成缓慢下降曲线 ab,而到外环以外密度又迅速下降,形成衰减曲线 bc。值得关注的是,在郊区的部分新城中心和镇区形成密度小高峰曲线 cd,随之又形成平缓下降曲线 de。

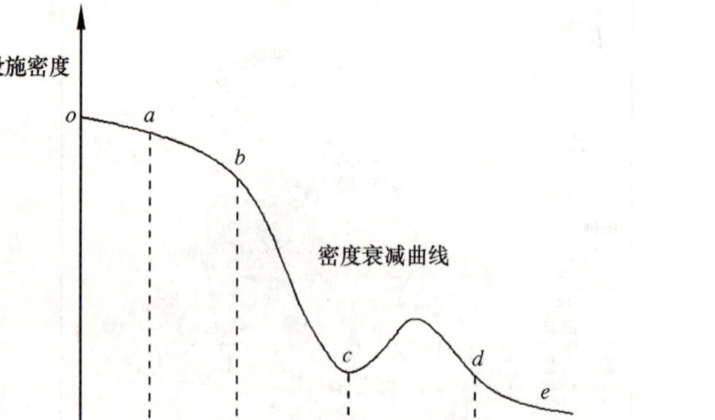

图3-5　上海公共设施密度衰减曲线示意图

3.3　郊区社区公共设施空间布局评析

3.3.1　单位面积设施量的比较

对 6 个研究社区的公共设施进行统计分析，如表 3-4 所示。位于中心区的长寿路社区单位面积设施量最高，达每平方千米 366 处；其次是位于外围区的大华社区，每平方千米 155 处；郊区社区的单位面积设施量远低于中心区。这与上海全市社区公共设施的密度衰减曲线呈现的态势是一致的，表明中心城区社区公共设施配套数量较大，而郊区的江桥社区、顾村社区设施配建滞后。

表 3-4　　研究社区单位面积公共设施量

社区名称	所在区位	用地面积/km^2	每平方千米单位面积设施量
长寿路社区	中心区	0.9	366
大华社区	外围区	4.07	155
桃浦社区	郊区	1.48	102
顾村社区	郊区	15.89	8
吴泾社区	郊区	1.71	136
江桥社区	郊区	4.71	31

3.3.2　公共设施布局的核密度分析

通过核密度估计法，进一步分析公共设施在社区空间上是如何集聚、如何布局的（图 3-6）。

（1）在中心城的长寿路社区和大华社区，公共设施主要沿社区主要道路布局，也沿组团内小支路布局。而对于吴泾等郊区社区，公共设施布局在社区主要道路沿线，支路上设施布局很少。

（2）中心城社区公共设施在形成 1～2 个核心集聚基础上，呈现沿路分散布局。而吴泾、桃浦等郊区社区，则形成多个集聚中心、沿路相对集中的布局。

（3）郊区社区设施数量相对少，为满足更多的居民需求，设施集聚中心往往沿主要道路交叉口布置，中心城社区则在道路沿线也会形成设施集聚中心。

3.3.3　公共设施布局与轨道站点的关系

2016 年底，上海轨道交通运营里程达 617km，规划到 2020 年将形成超过 800 千米的轨道交通网络，郊区的轨道交通将作为建设重点。由此在轨道进入郊区居住社区的情况下，轨道站点周边的用地规划问题，以及社区公共设施布局和站点的关系问题成为一个重要建设实践需求。为了分析目前郊区社区公共设施布局和轨道站点的

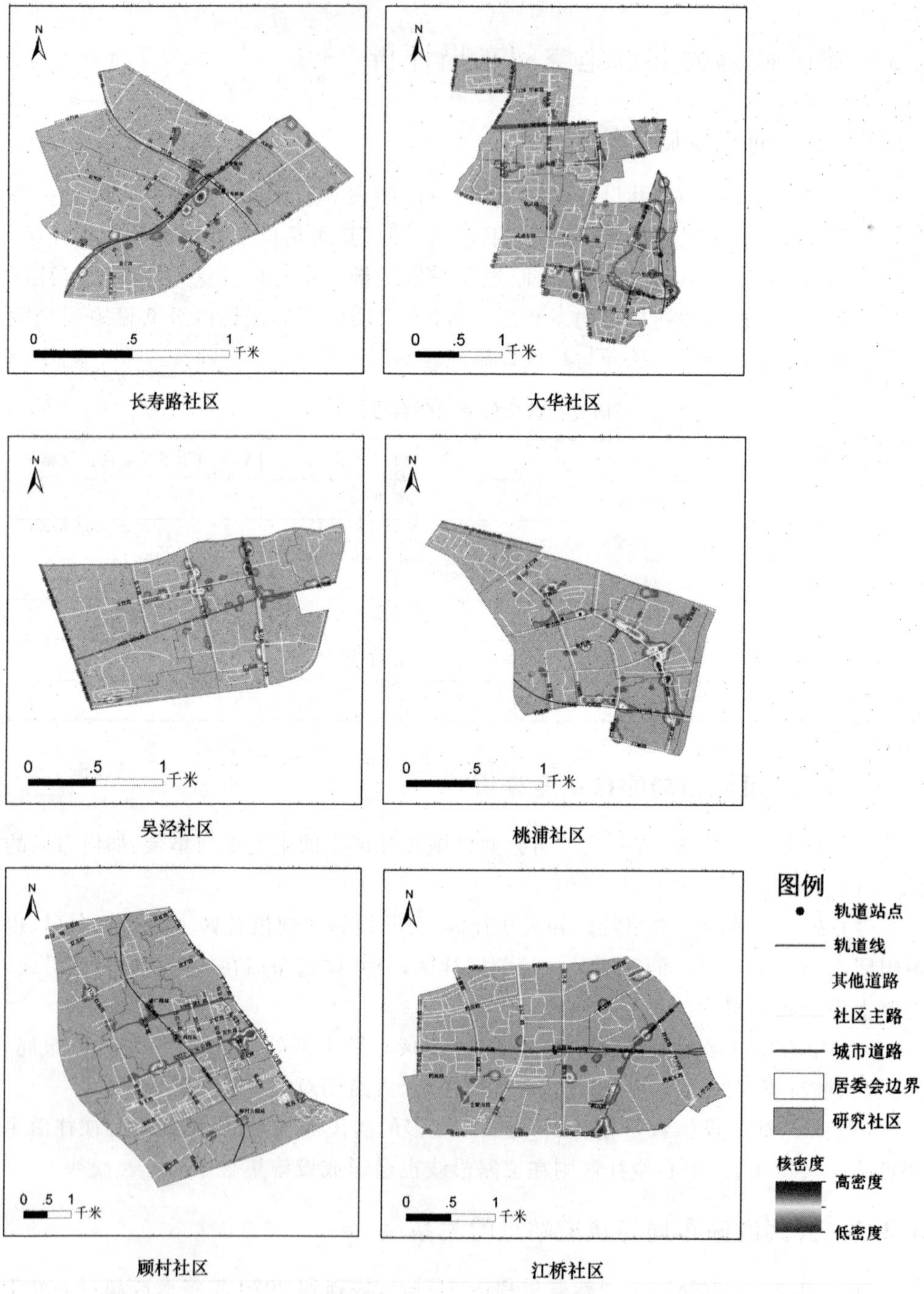

图 3-6　研究社区公共设施密度分布

关系，并增强不同区域的可比性，研究选取 7 号线位于中心区的长寿路站、昌平路站、常熟路站、东安路站，位于外围区的大华三路站和位于郊区的顾村公园站、刘行站、潘广路站；13 号线位于中心区的长寿路站及位于郊区的金运路站(图 3-7)。以地铁站点为中心选取周边以居住为主的社区，划分 0～50m，50～100m，100～150m，150～200m，200～250m，250～300m 共 6 个圈层。采用 ArcGis 缓冲区分析，统计分析各圈层内的社区公共设施特征(图 3-8)。

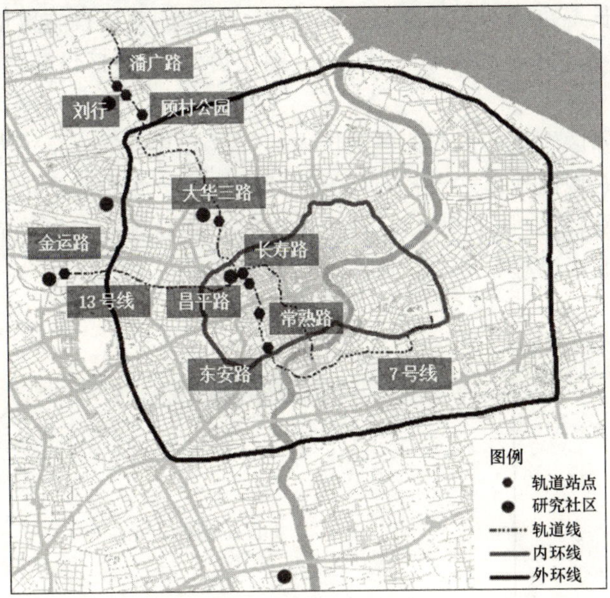

图 3-7　研究轨道站点分布

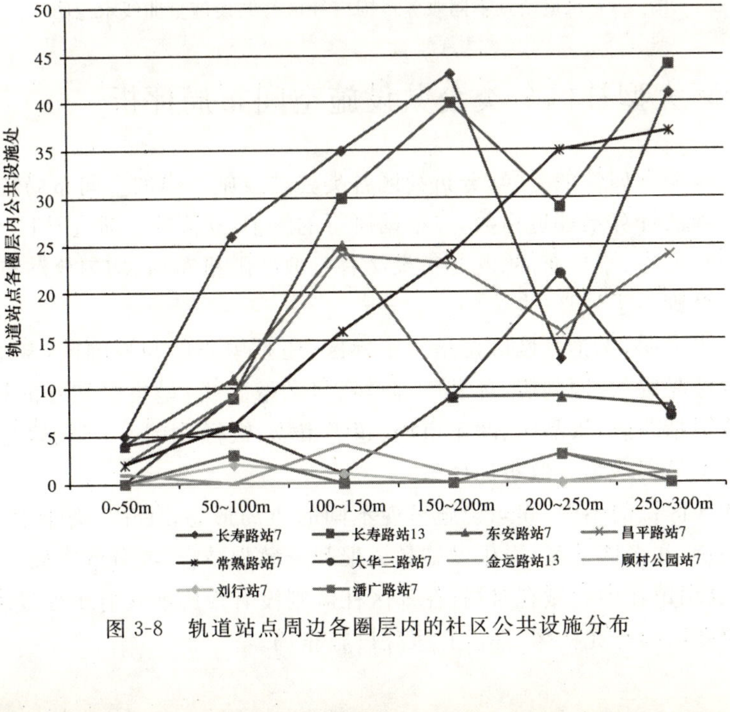

图 3-8　轨道站点周边各圈层内的社区公共设施分布

无论是位于中心城区，还是位于郊区，轨道站点周边 0～50m 圈层内的社区公共设施量均低于 6 处。但两个区域在 50～100m 圈层的设施数量差距开始增大，中心城区 7 号线的长寿路站在该圈层的设施数量高达 26 处，而郊区的潘广路站在该圈层的设施量仅为 3 处。在 100～150m、150～200m 圈层内，中心城区设施数量快速增加，如 7 号线的长寿路站在该圈层的设施量达 40 多处，郊区设施数量没有明显变化，依旧低于 6 处。在 200～250m、250～300m 圈层内，中心城区设施数量呈波动上升趋势(图 3-8)。

总体来看，郊区轨道站点周边各圈层内的社区公共设施分布较为均质，且设施低于 10 处。而中心城区轨道站点各圈层内的社区公共设施数量变化显著，呈波动上升趋势，且设施数量较多(图 3-9)。表明郊区社区公共设施布局与轨道站点联系紧密度较小，而中心城区设施布局与轨道站点结合紧密。

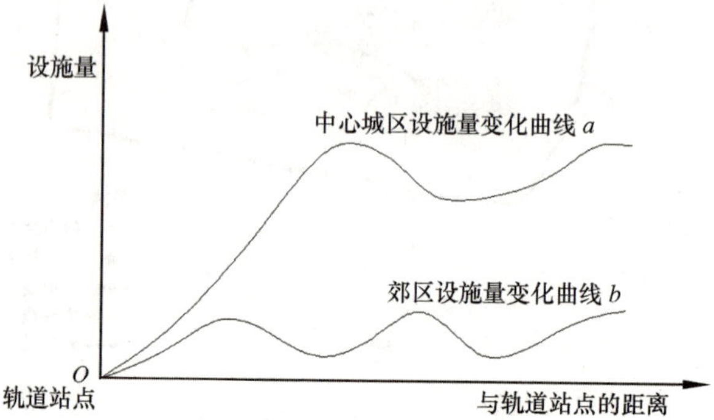

图 3-9 轨道站点不同服务范围内社区公共设施量曲线示意图

3.4 郊区大型社区分类公共设施空间布局评析

由于设施服务属性的差异，分析社区各类公共设施小类的空间布局特征，采用平均最邻近距离法计算最邻近指数，并根据所得的 z 值、p 值确定研究社区不同类型公共设施的布局形态：集聚布局、既有集聚又有分散的随机布局、均匀分散布局，如果设施为 0 或 1 处则不予计算(表 3-5)。

计算结果表明，无论社区区位是位于郊区，还是中心区和外围区，基本呈集聚布局形态的设施是餐饮、便利店、理发店、商场、自动取款机；呈集聚和分散相结合布局形态的设施包括药店、果品店、蔬菜市场、超级市场、银行；中学、小学、幼儿园、社区卫生中心基本上呈现均匀分散布局形态。

随着社区区位的不同，娱乐设施呈现不同的布局形态，在中心城社区，娱乐设施是集聚布局；而在郊区社区，娱乐设施是集聚和分散相结合，或分散布局。公园、影剧院、运动健身场馆在中心城有布局，在郊区社区则没有设施或仅有 1 处设施。在中心城外围区和郊区的研究社区，都没有医院设施布局。

表3-5 研究社区各类公共设施布局形态

设施大类	设施小类	长寿路设施布局	大华设施布局	桃浦设施布局	江桥设施布局	顾村设施布局	吴泾设施布局
教育	中学	均匀	均匀	均匀	1	随机	0
	小学	0	随机	1	1	1	1
	幼儿园	均匀	均匀	均匀	1	1	1
医疗卫生	社区卫生中心	随机	均匀	均匀	均匀	均匀	1
	医院	1	0	0	0	0	0
	药店	随机	随机	随机	随机	随机	随机
商业服务	餐饮	集聚	集聚	集聚	集聚	集聚	集聚
	便利店	集聚	集聚	集聚	随机	集聚	集聚
	果品店	随机	随机	随机	随机	1	随机
	蔬菜市场	0	随机	1	随机	随机	随机
	理发店	集聚	集聚	集聚	集聚	集聚	集聚
	商场	集聚	集聚	随机	集聚	0	集聚
	家电卖场	集聚	集聚	随机	随机	集聚	集聚
	超级市场	随机	随机	随机	均匀	随机	随机
金融邮电	银行	随机	随机	集聚	0	集聚	随机
	自动取款机	集聚	集聚	集聚	0	集聚	随机
	邮电所	1	随机	1	0	1	1
市政公用	公交站	集聚	集聚	随机	1	0	随机
	地铁站	随机	随机	0	1	随机	0
	公园	1	随机	0	0	1	1
文化体育	影剧院	1	集聚	0	1	0	0
	休闲场所	1	0	0	0	均匀	0
	娱乐设施	集聚	集聚	随机	均匀	随机	随机
	图书馆	0	0	0	0	0	0
	运动健身场馆	随机	集聚	0	0	0	1

3.5 小结

(1) 社区公共设施的实际空间布局形态和理论布局模式的差异及演变

我国城市社区正在由封闭的住区走向开放的住区(图3-10)。基于封闭住区模式,社区公共设施注重自我配套的完整性,在空间布局上按"居住区级中心""小区或组团中心"分级进行均匀布局,形成内向封闭的"多菜一汤"式的社区公共设施布局的规划理论模式。

但是，根据案例社区公共设施 POI 分布和核密度分析，实际的空间布局形态基本是沿着社区道路集聚的“廊道型”或“网络型”开放式布局。中学、小学、幼儿园、社区卫生中心等由政府投资的公益性设施，一般按照服务半径要求分散布局在组团中心，而商业服务、金融、娱乐等商业性设施，则按照市场选址需要，沿着社区道路集中布局，形成“廊道型”或“网络型”的设施布局形态。因此，在大型社区后续规划中，建议基于社区公共设施空间选址布局由封闭到开放的内在规律性，一方面强化设施沿社区生活性街道集聚布局，包括餐饮、便利店、理发店、商场、自动取款机等；另一方面引导部分设施均衡分散布局，如中学、小学、幼儿园、社区卫生中心等。

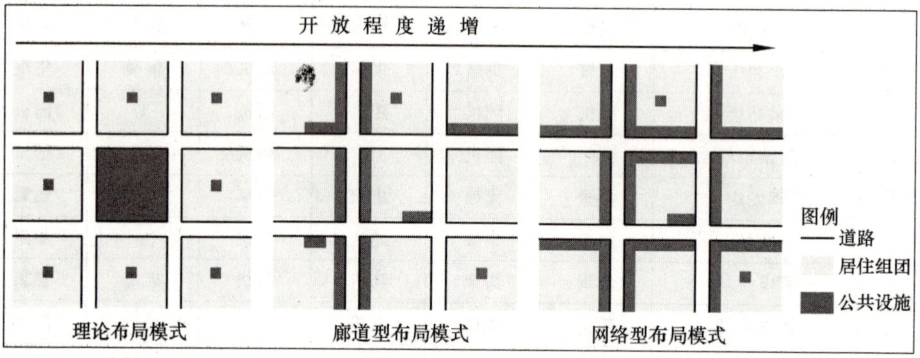

图 3-10　公共设施布局模式演变

（2）基于公共设施的自身服务属性，不同类型设施的布局特征具有差异性

研究采用平均最邻近距离法计算最邻近指数，确定不同类型的公共设施具有不同的布局特征（图 3-11）。在社区公共设施“廊道型”或“网络型”的布局形态下，各类设施由于自身服务属性的差异，其选址布局具有各自特征，有的设施倾向于“集聚布局”，有的设施倾向于“集聚＋分散布局”，有的设施倾向于“分散布局”。选择集聚布局的设施包括餐饮、便利店、理发店、商场、自动取款机；呈集聚和分散相结合布局的设施包括果品店、蔬菜市场、超级市场、银行、药店；呈现分散布局的设施包括中学、小学、幼儿园、社区卫生中心。

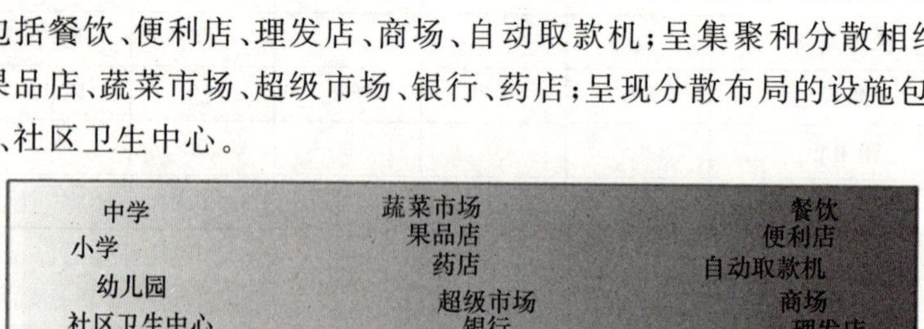

图 3-11　各类设施空间分布特征示意图

（3）郊区社区公共设施布局和轨道交通站点的关系

采用 ArcGis 缓冲区分析，统计获得郊区轨道站点周边各圈层内的社区公共设施

分布均质，且设施数量较少。而中心城区轨道站点在 100～200 米圈层公共设施数量较多，且各圈层内设施数量相比郊区都多。表明郊区社区公共设施布局和社区内轨道站点的关系较弱，和社区道路的关系比较紧密，主要沿着社区道路形成“廊道型”或“网络型”布局。

本章注释

① 熊健. 上海大型居住社区规划的实践和思考[J]. 上海城市规划，2011(3):36-40.
② 张萍，李素艳，黄国洋，等. 上海郊区大型社区居民使用公共设施的出行行为及规划对策[J]. 规划师，2013(5):91-95.
③ 索超，张浩. 高铁站点周边商务空间的影响因素与发展建议：基于沪宁沿线 POI 数据的实证[J]. 城市规划，2015(7):43-49.
④ 段冰若，王鹏，郝新华，等. 见物见人：时空大数据支持下的存量规划方法论[J]. 上海城市规划，2016(3):9-16.
⑤ 陈蔚珊，柳林，梁育填. 基于 POI 数据的广州零售商业中心热点识别与业态集聚特征分析[J]. 地理研究，2016(4):703-716.
⑥ 韩昊英，于翔，龙瀛. 基于北京公交刷卡数据和兴趣点的功能区识别[J]. 城市规划，2016(6):52-60.
⑦ 李贞. 基于 GIS 的陆家嘴公共文化设施空间布局及优化研究[J]. 上海城市规划，2016(6):51-56.
⑧ 钮心毅，丁亮，宋小冬. 基于手机数据识别上海中心城的城市空间结构[J]. 城市规划学刊，2014(6):61-67.
⑨ 王洋，杨忍，李强，等. 广州市银行业的空间布局特征与模式[J]. 地理科学，2016(5):742-750.
⑩ 吴必虎，肖金玉. 中国历史文化村镇空间结构与相关性研究[J]. 经济地理，2012(7):6-11.
⑪ 蒋天颖. 浙江省区域创新中心空间格局及其驱动机制研究[J]. 人文地理，2015(4):95-101.

第4章 居民活动行为总体空间特征及可视化

4.1 手机大数据及研究方法

4.1.1 大数据的概念及特点

大数据是“超越传统数据库系统处理能力的数据，数据量很大，运行很快，不受数据库架构的束缚。要从这些数据中获得输入值，就必须选择另一种方式来处理”[①]。与小数据相比，大数据有七个特点[①-⑦]：

(1) 庞大的数据量，相对于小数据而言由更多大规模的数据组成，大小通常用 tb 和 pb(信息量度量单位)来表示；

(2) 高速度，不同于小数据，实时或接近实时生成大数据；

(3) 品种多样化，大数据在本质上可以是结构化或非结构化的，并同时包含时间和空间信息；

(4) 范围独特，大数据甚至可以捕获整个人口信息或至少在样本容量上远大于小数据；

(5) 细粒度的分辨率相对于小数据，大数据可以包含学者或管理人员想要的关于目标的更多细节；

(6) 关联性方面，大数据拥有更多常见字段，使得大量不同的数据集可以连接在一起；

(7) 灵活性和可扩展性方面，大数据可以添加新领域并有效地扩大数据规模。

4.1.2 手机大数据

根据移动通信网络需具备为手机用户连续提供服务的功能，手机用户的手机终端会定期或不定期、主动或被动地与移动通信网络保持联系，这些联系被移动通信网络识别成一系列的控制指令，即手机信令。这些信令组成的手机网络数据包含诸多纪录，如用户匿名且唯一的 ID，本地服务区域内手机的通话时间及持续时间，手机连接到哪个基地收发站(BTS)，手机在什么时候、多长时间、发送还是接收信息(语音、消息和数据)。每个 BTS 服务于一定区域，平均服务范围约为 0.16km^2，只要手机一直与 BTS 有联系，而不是断断续续，通常可以检测到其服务范围内每部手机的位置。本研究基于手机信令大数据，通过检测到的手机位置，来获得手机用户的家庭地址、工作(通勤)地址及非工作(非通勤)活动地址，进而对上海市居民工作活动和非工作活动的总体特征进行分析。

4.1.3 研究方法

上海是我国人口最多的城市，2015年其登记常住人口超过2400万，土地面积为6800km²。截至2015年，上千万的上海人每人至少有一部手机。

以2014年1月到6月的移动手机信令数据（每天大约15亿条记录）作为初始输入数据来推导上海居民的住房、工作和非工作位置。这些人员必须具备两个条件：①至少有一个在使用的移动电话；②2014年1月到6月之间至少有60%的时间住在上海。为确保所推导的工作和住房位置的准确性，人员除了具备以上两个条件，还必须满足以下条件：

（1）第一天晚8点到第二天早8点（获取住宅位置）和一天内早9点到晚6点之间（获取工作地点）在BTS服务区内被频繁探测到的手机用户；

（2）如果用户的手机在上述两个时间段被探测到n次，由此推导出的家里或工作位置必须在BTS服务区域内且该位置已经至少被探测到$n \times 60\%$次；

（3）如果用户手机信令数据显示其住宅和工作位置距离400m以内，那么他们要么被视为远程通勤者，要么被视为失业、度假或退休人员。

应用上述标准生成了1270万住房位置和632万名就业人员的工作位置、136万名非就业人员的非工作活动位置。我们发现，其生成的住房、工作、非工作位置数量远远大于任何现有基于调查数据的相关研究，超过一半上海居民的住房位置都已经被探测到。

采用手机大数据，获取居民工作、非工作和居住的位置信息，进一步提取描述居民工作活动、非工作活动的总体空间特征。同时在过剩通勤框架下，结合实际和理论最小/最大通勤量，可视化通勤交通流的空间分布，从中了解目前城市职住平衡以及职住不平衡的程度，为后续通勤人员的非工作活动特征研究提供基础。

4.2 基于手机数据的工作活动行为总体空间特征

4.2.1 职住分配

由以上推导的位置，我们可以以一个更大的样本量及更高的分辨率在地图上标出职住分配情况。换句话说，至少以上提到的大数据的两个特性在上海案例中得到“实现”。图4-1中的不同板块显示了上海各分区工作和住房的分配情况。应强调一点，这些工作和住房的量级都在百万级，应能较好地代表各自50%左右的人口。

图4-1的上部板块显示了内环范围内就业人员的住址及居民的工作地点；中间板块显示了内环至外环范围内就业人员的住址及居民的工作地点；底部板块显示了外环范围外就业人员的住址及居民的工作地点。总的来说，表4-1显示了一个极大样本的通勤者住址和工作地点的分布情况，而如果基于小数据，这样的图是不可能实

现的。具体来说，表 4-2 以通勤交通流矩阵形式描述了各分区内就业和住房的分配情况。

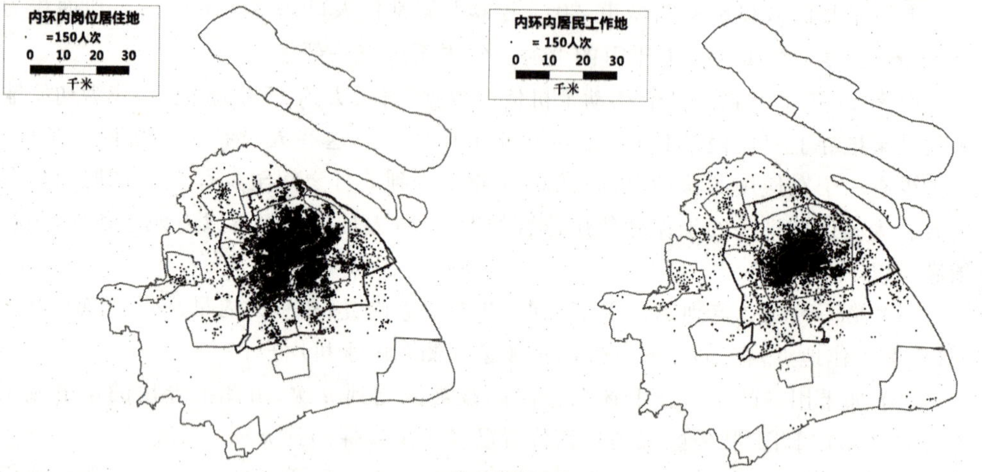

(a) 内环范围之内

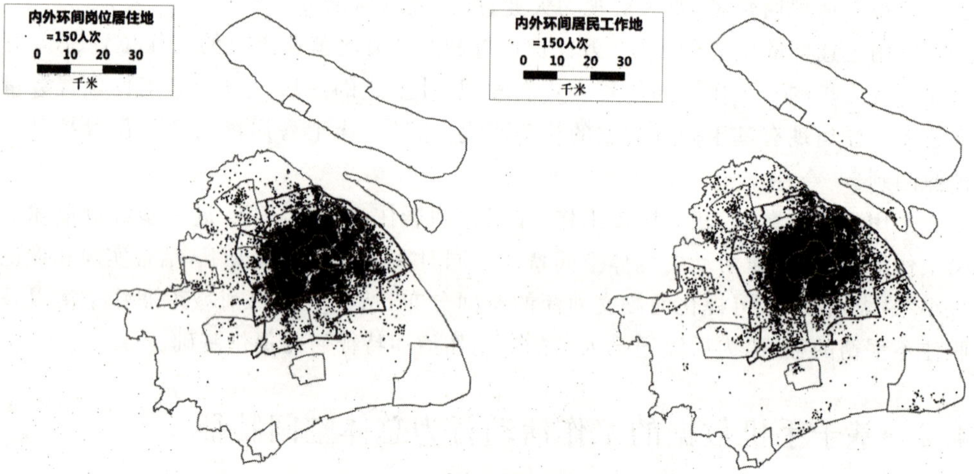

(b) 内环至外环之内

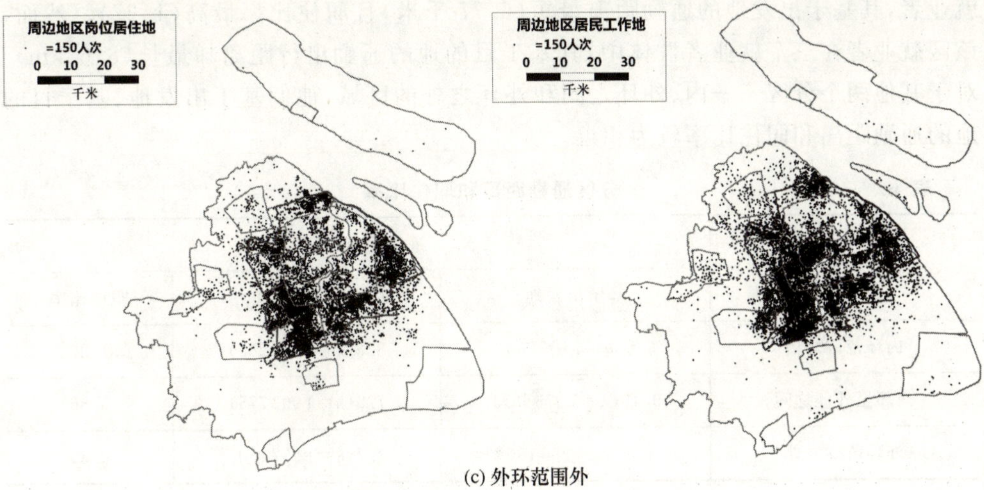

(c) 外环范围外

图 4-1　就业人员的住址及居民的工作地点

表 4-1　　**分区职住分配表**

	分区	工作地点			
		内环范围之内	内环至外环范围	外环范围之外	总计
居住地点	内环范围之内	71%	22%	7%	100%
	内环至外环范围	32%	57%	11%	100%
	外环范围之外	12%	21%	67%	100%
	分区	居住地点			
工作地点	内环范围之内	45%	44%	11%	100%
	内环至外环范围	13%	70%	17%	100%
	外环范围之外	4%	17%	80%	100%

由图 4-1 和表 4-1 可知，在内环范围内居住的就业者，其职住平衡程度最好，这些工人中不到 30%需要去内环范围外通勤。在内、外环之间居住的就业者更倾向于在该区域外就业，也就是说，如果我们忽略通勤距离并假设所有分区都是相同的形状和大小，就会出现最糟糕的职住失衡情况。但从居住在三个分区的就业者角度看，其中大多数都能够在各自的分区工作。

从各分区就业者的角度来看，大多数在外环范围外工作的就业者选择居住在那里，5 个这样的就业者中仅有 1 人不会选择居住在外环之外。大多数在内环范围内工作的就业者不能或不愿意在那居住，55%的人必须在该区域之外居住。在内、外环之间工作的就业者在这方面就比较幸运，70%的人能够在其工作的同一分区居住。

如果我们转向其他两个职住平衡的指标：通勤距离和职住比率，这三个分区也有不同的模式，尤其是内环内区域对比其他两个分区（表 4-2）。在内环范围内居住的就业者,其基于出发地的通勤距离最短(6.77 千米)且职住比率最高(1.27)。然而,该区就业者在三个就业者群体中,其基于目的地的通勤出行距离却最长(8.63km)。对于其他两个分区——内、外环之间和外环之外的区域,他们基于出发地、基于目的地的通勤距离和职住比率较为相近。

表 4-2　　分区通勤距离和职住比率

分区	通勤距离/km*		
	基于出发地	基于目的地	职住比率
内环范围之内	6.8(n=1105033)	8.6(n=1741262)	1.27
内环至外环之间	9.10(n=2373997)	7.9(n=1903775)	0.86
外环范围之外	9.0(n=1290196)	7.7(n=1057160)	0.85

* 假设通勤者出行在两个 BTS 服务区域的质心之间。

4.2.2 过剩通勤框架中的职住平衡

1. 过剩通勤框架

过剩通勤框架包含的指标有:理论最小通勤时间(T_{min})、理论最大通勤时间(T_{max})、随机通勤时间(T_{ran})、实际平均通勤时间(T_{act})、过剩通勤(EC)、潜在通勤范围(C_u)、通勤经济(C_e)以及标准通勤经济(NC_e)来量化、联系职住平衡和通勤效率。在过剩通勤框架中有如下假设:

(1) 所有工人、就业岗位和住房机会是均匀分布的;

(2) 工人受就业和/或住房机会吸引并不损失任何社会公共服务;

(3) 任意两个空间单元之间的出行成本(如两个空间单元质心之间的直线距离)相同,而不管有多少通勤出行。

区域按一定方法(如出行时间、距离)划分,一个区域的 T_{min} 可以由该区域内工人出行至最近潜在就业点距离的平均值求得。因此,T_{min} 表示该区域内工作和对应住房的相对平衡关系[8]。T_{max} 表示该区域内“工人基本被分配到离他们最远的工作场所”的情况[9]。它代表了既定工作和住房分配地区内一种更糟的通勤模式。

在了解现状通勤模式的情况下,T_{act} 可以直接计算出来。EC 是“城市中的非最佳或剩余工作出行(因为人们不能最小化他们的工作出行)”[9],即

$$EC=\left(1-\frac{T_{min}}{T_{max}}\right)\times 100 \tag{4-1}$$

C_u 用来量化可得的通勤范围,并弱化 T_{max} 和 T_{min} 之间的区别,即

$$C_u=\frac{T_{act}-T_{min}}{T_{max}-T_{min}}\times 100 \tag{4-2}$$

T_{ran} 涉及区域内的通勤者，表示所有区域内通勤者对最小化工作出行都没有贡献且随机选择他们的居住及工作地点，如通勤者完全不在乎其交通费用。所以，T_{ran} 的值应等于或大于 T_{min}。Charron[10] 用以下公示得到了 T_{ran} 的近似值：

$$T_{ran}=\frac{1}{N^2}\sum_{i=1}^{m}\sum_{j=1}^{n}O_iD_jC_{ij} \tag{4-3}$$

式中　N——研究范围内通勤者的总数；

O_i——通勤者出发的起始点数量；

D_j——通勤者到达的目的地数量；

C_{ij}——起点 i 到讫点 j 的出行成本，出行成本可以是时间、距离、费用。

此后，Murphy 和 Killen[11] 提出了一个可行但更为复杂的方法来计算 T_{ran}。简而言之，该方法分三个步骤。第一步是模拟尽可能多的通勤出行分布，得出该城市或区域内工作和住房的固定值、已知值及其分布。第二步是计算模拟通勤出行分布的总出行量。第三步是计算第一步和第二步中产生的大量通勤量（设 N＝1 000）的平均值。该平均值即为 T_{ran}。

C_e 可以由 T_{ran} 和 T_{max} 推导，它"揭示了现实情况中，人们对城市区域内住宅到工作场所出行费用的敏感程度"[11]。具体来说，C_e 可以用以下方程计算：

$$C_e=\left(1-\frac{T_{act}}{T_{ran}}\right)\times 100 \tag{4-4}$$

利用 T_{ran}、T_{min}，NC_e 和 C_e 可以相互转换，且能够"讨论在土地利用条件限制下出行群体趋向于经济通勤的理论程度，确定出行群体在多大程度上会趋向于经济通勤"[11]。具体来说，NC_e 可以用下列方程表示：

$$NC_e=\frac{T_{ran}-T_{act}}{T_{ran}-T_{min}} \tag{4-5}$$

2. 上海的职住平衡情况

采用上述过剩通勤框架，利用本地流量分析区域（TAZs）内推导出的就业及住宅数据（样本大小为 6 321 000），除通勤距离和职住比率以外的几个指标已经可以计算。关于如何计算这些指标及如何处理已经改变的分析区域边界的更多技术细节详见⑨，⑩，⑪。基于现状研究，表 4-3 给出了这些指标的值及其他几个城市相对应指标的数值。

表 4-3 过剩通勤指标

指标	单位	上海	北京	广州*	洛杉矶	东京**	都柏林
年份		2013	2008/2010	2005	1991	2000	2001
来源		本文	Zhou and Long (27)	Liu et al. (39)	Kim (40)	Lee et al. (41)	Murphy & Killen (16)
T_{min}	km	3.2	2.5(bus) 3.5(car)	2.7	16.5	6.7	2.7
T_{max}		49.4	24.7(bus) 35.6(car)	—	—	50.5	21.7
T_{ran}		16.6	—	—	—	—	11
T_{act}		8.2	8.2(bus) 11.2(car)	5	24.6	11	9.9
EC	%	61.6	69.5(bus) 68.8(car)	44	33	39	73
C_u		11	25.7(bus) 24.3(car)	—	—	10	38
C_e		50.1	—	—	—	—	34.5
NC_e		61.9	—	—	—	—	43.2

* 分析单位为邮政编码区域；** 分析单位为 shikuuchoson。

Niedzielski 等[13] 阐明 T_{ran}、T_{max}、C_u 及 C_e 易被单独测量，也就是说，它们的值对于不同大小的分析单元都相对稳定；因此，当比较上海和其他大城市时，本文主要关注这些指标，而不是那些依赖分析单元规模的指标。通过比较上海和其他城市，我们发现：

(1) 上海、北京和都柏林的 T_{min} 具有可比性。这意味着，尽管这三个城市的城市形态、土地利用和人口规模不同，其工作和住房分布却是相似的。在理想的情况下，所有的工作和住房都是均匀的，就业者可以获得任何工作或住房机会，缩短他/她的通勤时间。也就是说，当实现工作及其对应住房相对平衡时，三个城市的理论最小平均通勤具有可比性。或者换句话说，如果只关心通勤成本，由 T_{min} 衡量的初始帕累托最优是具有可比性的。

(2) 就以衡量更为糟糕的职住失衡情况的 T_{max} 而言，上海和东京几乎是相同的。这意味着两个城市住职分配的规模和程度都同样最差。

(3) 就 T_{ran} 而言，上海几乎比都柏林高出 50%，这无非是因为上海的就业及住房是在一个更大的土地空间上进行分配，所以就业及住房的空间相关性并不如都柏林高。

(4) 尽管上海是中国人口最多的城市，但是如果用平均通勤距离来衡量，它目前的职住平衡水平是不错的。对于利用交通分析区域作为分析单位的四个研究城市(北京、洛杉矶、上海和都柏林),上海的平均通勤距离是最低的。

(5) 如果用 EC 来衡量上海的职住失衡,那么它比北京要好。这意味着相对于现有的工作和住房分布,上海的通勤者相对于北京在整体上能够在更大程度上最小化通勤时间。

(6) 对于 C_u(用于量化由现状职住分布情况决定的通勤范围),上海要比北京好。

(7) 由 C_e 及 NC_e(在现状职住分布约束条件下,描述通勤者的群体行为是怎样偏离随机行为的)可以看出,上海的通勤者更不倾向于随机行为。也就是说,在上海,通勤行为可能不像在都柏林那样随机。这也许是可以理解的,因为相比于都柏林,上海就业点高度集中。也就是说,主要的就业中心在内环范围内,并极大地影响或制约了当地的交通行为。如表 4-2 及表 4-3 所示,内环范围内 71%的居民会在该区域内就业,在三个分区中其居民的平均通勤距离是最低的。

4.2.3 职住平衡的可视化

上面的量化指标已经为我们提出了新的见解,以便我们更好地理解上海的职住平衡以及与其他大城市相比它是如何运作的。利用超大的样本容量,在求得 T_{min}、T_{act} 及 T_{max} 等指标后,我们可以进一步在地图上标出不同的通勤交通流,并假设所有通勤者都选择了最短路径,不管高峰时段交通拥挤造成的通勤费用。周江评(Zhou)等[15]在北京公交通勤的案例中绘制过类似的图表,因此上海和北京也可以做一些比较。

图 4-2 中的不同图片使得与交通流有关的 T_{min}、T_{act} 及 T_{max} 更为直观化。

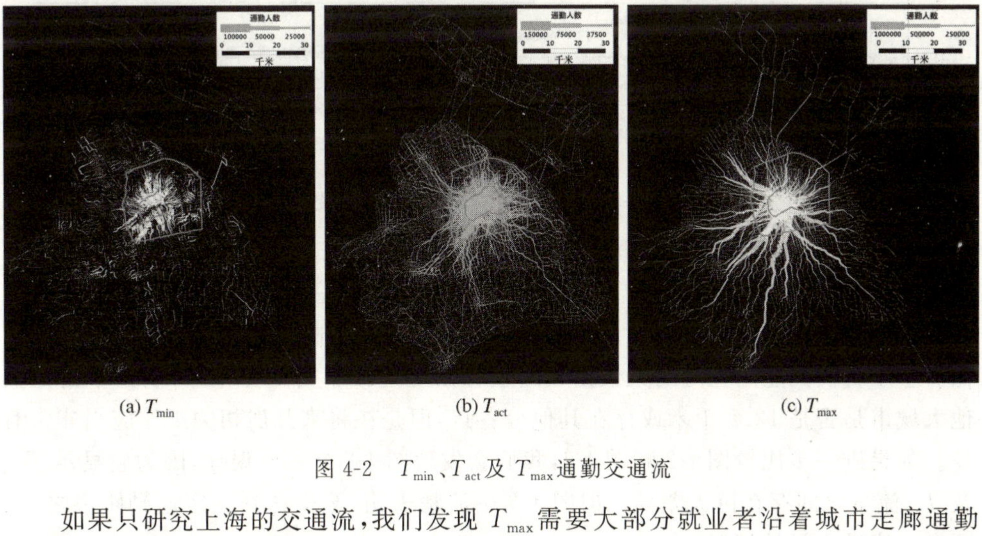

(a) T_{min}　(b) T_{act}　(c) T_{max}

图 4-2 T_{min}、T_{act} 及 T_{max} 通勤交通流

如果只研究上海的交通流,我们发现 T_{max} 需要大部分就业者沿着城市走廊通勤(图 4-2(c)T_{max})。平均而言,这些走廊的客运容量至少在 125 000 数量级。而 T_{min} 相

反，通勤者均匀地分布在不同的城市道路上(图 4-2(a)T_{min}、(b)T_{act})。不同于 T_{max} 和 T_{min}，T_{act} 生成了一种新的通勤模式。最值得注意的是，大多数通勤都发生在接近市中心的道路上，并且有几条主要的交通走廊，例如，从市中心到市中心东南、东北和东部分区。

比较上海和北京的交通流，我们可知它们之间最显著的区别在于由 T_{min} 生成的城市通勤模式显著不同。上海的通勤交通流在城市中分布相对均匀，而北京市中心的通勤交通流却密度较高。上海的通勤交通流会采用所有交通工具，而北京只利用公共汽车，这就意味着上海的职住分布郊区化程度要比北京更高。

除了上图，另一种可视化与通勤交通流相关的 T_{min}、T_{max} 及 T_{act} 的方式是在地图上分别标出概率密度函数，以此显示不同的距离范围内存在多少百分比的通勤者。图 4-3 表示的是上海的统计结果，其通勤者样本量为 6 321 000，通勤者的住址及工作地点由上文提及的方法推导及验证。

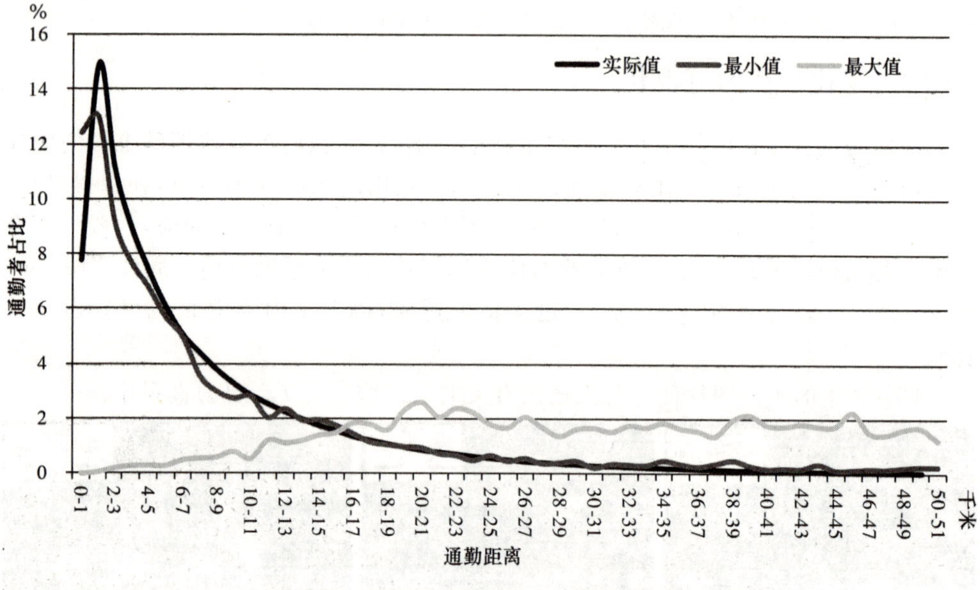

图 4-3 不同交通流的概率密度函数

从图 4-3 可以看出，当通勤距离大于 12.5 千米时，T_{act} 和 T_{min} 的概率密度分布几乎相同。这就意味着城市中大多数通勤者，只要他们愿意出行 12.5 千米去工作，就至少有一个工作是属于他们的。但是如果他们不愿意，他们找到工作的概率就会很低。鉴于我们只能用上海的大数据在图上标出上述概率密度分布，所以并不清楚其他大城市是否是 12.5 千米或存在其他分界点，但是在将来开展相关工作应当非常有趣。如果进一步比较图 4-2 和图 4-3，我们会发现图 4-2 有一些误导，因为它显示 T_{min} 及 T_{act} 流量之间存在巨大差异。但图 4-3 中清楚表明，至少达到一定通勤距离之后，两者的流量之间是相似的。

4.3　基于手机数据的郊区居民活动行为总体空间特征

4.3.1　出行行为特征

根据区位和较高入住率的原则，在郊区选取宝山顾村、嘉定江桥、松江泗泾、闵行浦江、浦东周康航5个以保障房为主的大型居住社区，利用手机大数据，分析提取分析居民的出行率、平均出行距离和时耗、活动出行的空间范围。从出行率来看，闵行浦江大型居住社区，工作日和周末的平均出行率在2的阈值区域内；其他4个大型社区，工作日和周末的平均出行率在3的阈值区域内（表4-4、表4-5）。从出行距离看，5个郊区社区的居民平均出行距离为4km左右，平均出行时间为27分钟左右（表4-6、表4-7）。工作地和家之间的距离平均值，每个社区差别较大，松江泗泾社区为13.64km，宝山顾村社区为10.29km，嘉定江桥社区为8.90km，浦东周康航社区为4.19km，闵行浦江社区为3.56km（表4-8）。

表4-4　　五个郊区社区的居民工作日出行率

社区名称	样本量（人）	工作日平均出行率/（次·日$^{-1}$）			
		出行率	通勤通学	基于家其他	非基于家
宝山顾村大型居住社区	10586	3.31	0.27	1.48	1.55
嘉定江桥大型居住社区	1548	3.74	0.30	1.57	1.86
闵行浦江大型居住社区	3289	2.80	0.36	1.62	0.81
浦东周康航大型居住社区	1420	3.11	0.25	1.82	1.05
松江泗泾大型居住社区	1776	3.47	0.33	1.77	1.36

表4-5　　五个郊区社区的居民周末出行率

社区名称	样本量/人数	周末平均出行率/（次·日$^{-1}$）			
		出行率	通勤通学	基于家其他	非基于家
宝山顾村大型居住社区	10586	3.23	0.16	1.70	1.36
嘉定江桥大型居住社区	1548	3.62	0.20	1.89	1.53
闵行浦江大型居住社区	3289	2.89	0.33	1.73	0.82
浦东周康航大型居住社区	1420	3.32	0.22	1.92	1.18
松江泗泾大型居住社区	1776	3.29	0.20	1.99	1.10

表 4-6　　五个郊区社区的居民平均出行距离(千米)

是否工作日	总计	通勤通学	基于家其他	非基于家
工作日	4.33	4.85	3.64	4.99
周末	4.2	3.03	3.74	5.15
总计	4.29	4.49	3.67	5.04

表 4-7　　五个郊区社区的居民平均出行时间(分钟)

是否工作日	总计	通勤通学	基于家其他	非基于家
工作日	27.3	29.3	25.15	29.25
周末	26.78	24.94	26.51	31.19
总计	27.16	28.45	25.56	29.76

表 4-8　　五个郊区社区的居民工作地和家之间的平均距离(千米)

社区名称	工作地一家距离平均值
宝山顾村大型居住社区	10.29
嘉定江桥大型居住社区	8.90
闵行浦江大型居住社区	3.56
浦东周康航大型居住社区	4.19
松江泗泾大型居住社区	13.64

4.3.2 活动空间特征

以宝山顾村和嘉定江桥为例,分析郊区社区居民工作和非工作活动的空间范围。

(1) 宝山顾村和嘉定江桥都是靠近外环的近郊保障性社区,从社区居民的工作地空间分布看,两个社区都有大量居民到外环以内以及内环以内的中心城区工作,活动范围不局限于郊区就近工作,而具有到中心城的向心性(图 4-4、图 4-7、表 4-9、表 4-10)。

(2) 从社区居民的全目的出行空间范围看,两个社区的非工作活动都大大超出了社区范围,而超出社区空间范围的非工作活动主要是就医、购物、娱乐休闲等(图 4-5、图 4-6、图 4-8、图 4-9)。

图 4-4 宝山顾村社区居民工作地空间分布

表 4-9 宝山顾村社区居民工作地一家距离分布

工作地一家距离/千米	人数	比例
<2	867	16.2%
2～5	980	18.3%
5～10	969	18.1%
10～15	990	18.5%
15～20	1 032	19.2%
20～25	323	6.0%
25～30	100	1.9%
>30	101	1.9%
总计	5 362	100%

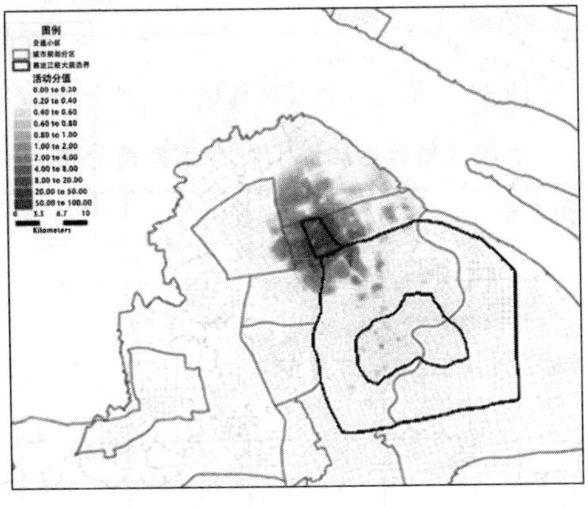

图 4-5 宝山顾村社区全目的出行空间范围(工作日)

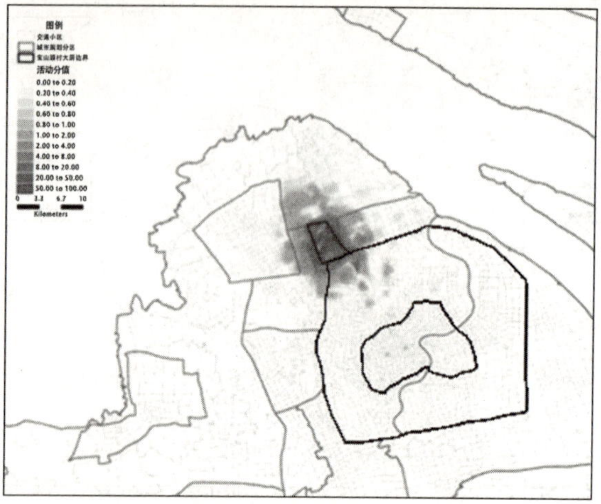

图 4-6 宝山顾村社区全目的出行空间范围(周末)

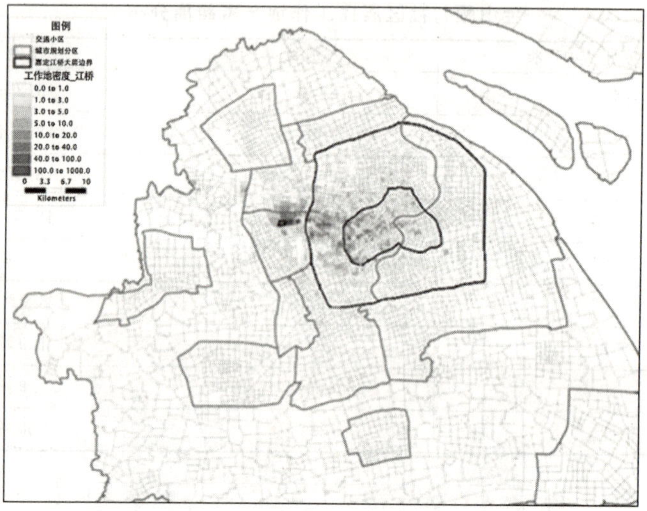

图 4-7 嘉定江桥社区居民工作地分布

表 4-10 嘉定江桥社区居民工作地-家距离分布

工作地-家距离区间/千米	总计	比例
＜2	221	22.6%
2～5	117	12.0%
5～10	246	25.2%
10～15	230	23.5%
15～20	98	10.0%
20～25	37	3.8%
25～30	11	1.1%
＞30	18	1.8%
总计	978	100%

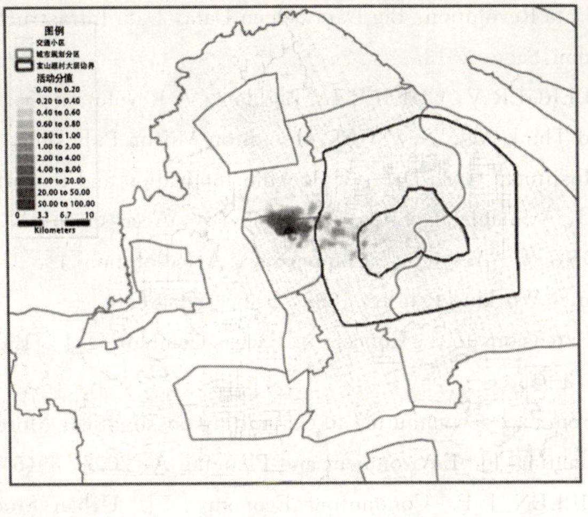

图 4-8 嘉定江桥社区全目的出行空间范围(工作日)

图 4-9 嘉定江桥全目的出行空间范围(周末)

本章注释

① DUMBILL E. Big Data Now：Current perspectives from O'Reilly Media[M]. O'Reilly Media，2012:3.

② BOYD D，CRAWFORD K. Critical Questions for Big Data：Provocations for a Cultural，Technological，and Scholarly Phenomenon[J]. Informacios Tarsadalom，2012，15(2):662-679.

③ DODGE M，KITCHIN R. Codes of life：identification codes and the machine-readable world [J]. Environment and Planning D：Society and Space，2005，23(6):851-881.

④ MARZ N，WARREN J. Big Data：Principles and Best Practices of Scalable RealtimeData Systems[M]. Manning Publications，2012.

⑤ KITCH, R. The Data Revolution: Big Data, Open Data, Data Infrastructures and Their Consequences[M]. London:Sage, 2013.

⑥ MAYER-SCHONBERGER V, CUKIER K. Big data: A Revolution that Will Transform H-ow We Live,Work and Think[M]. New York:Houghton Mifflin Publishing House,2013.

⑦ McKinsey Global Institute. Open Data: Unlocking Innovation and Performance with Liquid Information[DB/OL], Available at: http://googl/IavBty, Access Feb 13, 2015.

⑧ SMALL K A, SONG S. "Wasteful" Commuting: A Resolution[J]. University of California Transportation Center Working Papers, 1992, 100(4):888-898.

⑨ HORNER M W. Extensions to the Concept of Excess Commuting[J]. Environment & Planning A, 2002, 34(3):543-566.

⑩ CHARRON M. From excess commuting to commuting possibilities: More extension to the concept of excess commuting[J]. Environment and Planning A, 2007, 39(5):1238-1254.

⑪ MURPHY E, KILLEN J E. Commuting Economy[J]. Urban Studies, 2011, 48(6): 1255-1272.

⑫ ZHOU J, MURPHY E, LONG Y. Commuting efficiency in the Beijing metropolitan area: An exploration combining smartcard and travel survey data[J]. Journal of Transpo-rt Geography, 2014, 41:175 183.

⑬ NIEDZIELSKI M A, HORNER M W, XIAO N. Analyzing scale independence in jobs-housing and commute efficiency metrics[J]. Transportation Research Part A: Policy and Practice, 2013, 58:129-143.

⑭ ZHOU Jiangping, LongYing. Losers and Pareto optimality in optimising commuting patterns [J]. Urban Studies,2016,53(12):2511-2529. DOI:10.1177/0042098015594072.

⑮ ZHOU J, MURPHY E, LONG Y. Visualizing the minimum solution of the transportation problem of linear programming(TPLP) for Beijing's bus commuters[J]. Environment & Planning A, 2014, 46(9):2051-2054.

第5章　郊区居民非工作活动行为特征及出行链选择

5.1　基本概念界定

5.1.1　活动、非工作活动与社区公共设施

交通层面上的“活动”是指个体在一个连续的时间段内，为了实现某一目的，采用一定的交通方式和优先权到达某个地点的过程。活动是出行行为产生的基础，直接体现个体自身或其家庭在经济、社会等不同层面的需求，影响目的地、时间、方式等出行要素。早期的人文地理学将出行简单地视为物理移动的空间行为，进入20世纪70年代以后，强调人的主观能动性的活动理论逐渐发展。哈格斯特朗（Hagerstrand）[①]指出活动是受到时空约束的，并用时空棱柱（Space-time Prism）来描述这种约束；查宾（Chapin）[②]指出活动的产生来源于人类谋生、社交和娱乐等基本欲望激发的活动需求，同时强调社会经济属性对个体活动的约束；在定义活动的约束及需求的基础上，阿基瓦（Akiva）[③]和戈皮纳特（Gopinath）[④]等人对活动和出行决策体系进行了构建，约束、需求和选择三项要素构成了活动的完整概念。

虽然个体间因其社会经济属性不同，需求的层次和实现路径存在差异，但频繁性的需求类型大致相似。瑞克曼（Reichman）[⑤]把活动按照出行目的分为三大类：生存型活动（Subsistence activities），包括那些对支撑家庭的资金提供方面非常重要的工作，或者和工作相关的活动；维持型活动（Maintenance activities），包括购买和消费家庭个体所需的便利物品或个人服务；休闲型活动（Leisure or discretionary activities），包括在自由时间内进行的多种自愿的活动，如社交、娱乐和其他由文化和生理需求所驱使的自由追求。根据该理论可将上海居民出行调查中涉及的出行目的对应分为三类：生存型（上班、上学、业务）、维持型（就医、接送、日常生活）、休闲型（文化、体育、娱乐、休闲）。研究的重点为居民的非工作出行活动，因此所涉及的出行活动主要为维持型活动和休闲型活动。

基于出行目的的活动分类还可以将活动分为通勤和非通勤活动两类，通勤活动即上文中的生存型活动，相比非通勤活动（维持型活动和休闲型活动）其在时间和空间上更为恒定，因此其时间安排会影响到非通勤活动的决策；从某种意义上来说，通勤活动是其他活动的基础[⑥]。

活动与各类公共服务设施具有紧密的联系，目前已形成的研究共识包括根据完成活动的公共设施的类别不同，可以分成两大类，一是稳定的出行活动，主要指上下班通勤活动；二是随机性出行活动，主要指一些非工作活动[⑦]。同时居民基于不同公

共设施的出行活动可以被归为“需求”或“希望”所引发的活动，如前往医疗卫生类设施的就医活动，前往商业设施的购物活动等。为便于分析，将这些活动分为生活所必需的出行活动、维持生活的出行活动、休闲或随机的出行活动[8]。

表 5-1 和图 5-1 是上海市近几次综合交通调查的居民出行目的构成情况，调查结果表明：上海市居民出行需求呈多样化发展趋势，特别是非工作出行需求不断增长，并在出行目的构成中超过了工作出行。社区公共设施根据功能性质可分为教育、医疗卫生、文体、商业服务等[9]，是满足居民日常非工作活动需求的主要场所，不同的公共设施布局会影响居民日常活动的出行习惯和活动安排。

表 5-1　　上海市居民出行目的构成(上海市第二、三、五次综合交通调查)

出行目的	1995 年	2004 年	2014 年
上下班	51.6%	41.7%	41.7%
上下学	16.9%	13.9%	6.5%
业务活动	3.5%	4.6%	4.2%
文娱休闲	4.0%	8.9%	9.8%
日常生活	24.0%	30.9%	37.8%

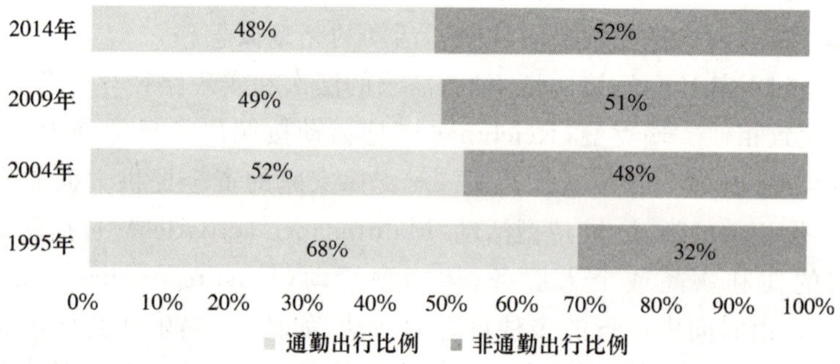

图 5-1　上海市居民出行目的构成(上海市第二次到第五次综合交通调查)

5.1.2　出行与出行链

关于一次出行的定义，目前不同国家并不完全一致，即使是在一个国家的不同地区也存在着差异[10]。在国外，美国将出行定义为“为了一个特定的目的，从一个地址到另一个地址的旅行，即使途中交通方式发生变化，仍看作是一次出行”[11]。而在国内，学术界通常将出行定义为出行者采用某种交通方式从一个地点到达另一个地点的“单向运动”。出行者在每一次出行中通常都有明确的出行目的地，到达目的地后作停留结束一次出行，因而出行由停留和空间移动组成[12]。

出行链是指从家出发，最终又回到家的一系列活动按时间顺序连接所构成的闭合链，能够反映个体一天不同出行的先后顺序，也可以反映个体出行在空间上的活动规律。在个体从家出发最终返回家的过程中产生了大量的时间、空间、方式等出行类型信息，也产生了信息之间的相互联系和作用，因此也将这个载有信息的过程称为出行链[13]。分析出行链的指标有很多，一般选取出行链个数和出行链长度来描述出行链的基本特征。出行链个数分布特征反映了出行者一天中完成多少个完整的出行链；出行链长度反映了出行者一天中因为活动的需要而发生的出行次数，体现活动的频率，见图 5-2。

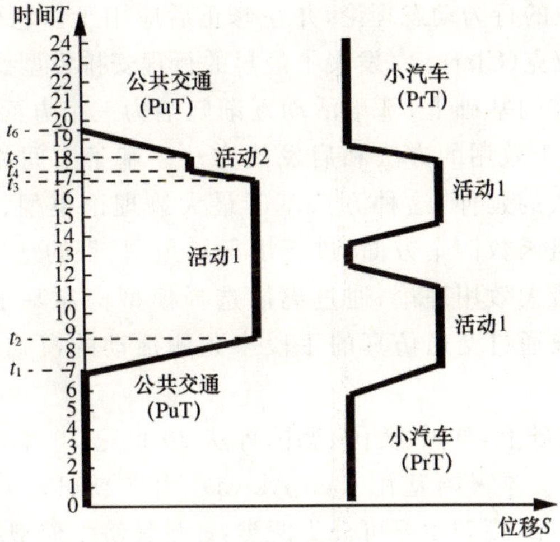

图 5-2　出行链结构示意图[13]

5.1.3　出行行为研究方法：基于出行和基于活动

1. 基于出行的研究方法

以“四阶段”方法为代表，研究方法的立足点是假设居民各个出行之间互相独立，重点关注出行的持续时间、起讫点和交通方式，从而淡化了出行发生、方式选择、出行分布及交通分配之间的密切联系及动态的相互依赖性。同时，作为一种集计方法，“四阶段”方法缺少对人的行为特性的微观解析，没有体现出行行为模式与出行者态度、偏好，以及各种客观条件之间的影响关系。

2. 基于活动的研究方法

活动分析法则认为出行是活动的派生需求，土地利用对交通需求的影响本质上是通过活动对出行的作用而产生的，而不是简单直接的因果联系，同时活动分析法在考虑居民出行模式时强调应当从居民整日活动路径出发，了解产生行为的活动动机，其研究探触到了交通行为的本源，提供了处理个体和整体特征的微观手段。

随着社会对管理政策需求的增长，以城市社区为研究单位的小尺度规划开始被研究，基于活动的出行分析方法得以发展并越来越被重视。20 世纪 70 年代基于活动的方法第一次在理论深度上得到系统的研究[14]。活动间的联系、活动—出行联系、出行链、出行的时间分配、个人出行决策模式等成为研究的热点，发展出效用方法、认知—行为方法、活动方法等非集计方法。出行行为研究从集计模型向非集计模型方向发展。

达姆(Damm)[15]进一步发展了多变量非通勤行为的活动和持续时间日模型。北村(Kitamura)[16]研究了在不同活动组合中人们对行为段的排序及偏好。霍思(Hoorn T，van der)[17]发展了行为类型和地点选择的行为段模型。希什(Hirsh)[18]等发展了以星期为单位的行为动态理论，并在修正后应用于以色列购物出行行为的建模。牛津大学的克拉克(Clarke)[19]发展了最早的行程安排模型。

在基础理论研究的基础上，基于活动逐渐归纳为三个方面研究方法：基于空间相互作用的方法、基于效用的方法和启发式方法。基于空间相互作用的方法是传统交通规划四阶段法的延伸，这种方法基于最大熵理论模型、出行 OD 表、集计的数据统计参数和路阻函数四个方面，进行出行量预测、目的地选择和路线选择。基于效用的方法应用最大效用理论，通过离散选择模型构建基于活动的出行选择模型。启发式方法一般通过交通仿真的手段来预测活动的模式，目前在这个方面的研究还不成熟。

在理论研究的基础上，英国、美国、德国等从 20 世纪 70 年代开始开发基于活动的交通需求预测模型。本·阿基瓦(Ben-Akiva)[20]和帕斯(Pas)[21]等分别基于活动链建立交通需求预测模型，模型主要可分为两类：计量经济学模型和混合仿真模型。计量经济学模型以效用最大化理论为基础，包含三种模型：基于出行预测模型、基于往返行程模型和日活动计划模型，日活动计划模型集合了往返行程过程中的活动次序和时间，是前两种模型的改进模型，通常由几个多项 Logit 模型(MNL)或树状分对数 Logit 模型(NL)等非集计模型组成。模型系统的发展经历了三个阶段。第一阶段是美国城市运输委员会(Metropolitan Transportation Commission，MTC)系统，把各个基于出行选择模型结合起来，能够简单描述时间和空间的约束和家庭内部的相互影响。第二阶段是 Netherlands 的基于往返行程的模型。它用往返行程作为基本的决策单元，所有的活动和出行都发生在离家和返回家的途中。第三阶段发展到描述一个人一整天活动和出行选择。它扩展了基于出行和基于往返行程模型[22,23]。混合仿真模型将活动计划抽象为一个有顺序的过程，用顺序决策规则来预测人们的决策结果。模型的重点在生成选择集(可行选项的集合)过程，决策过程相对简单，一般采用 MNL 和 NL 模型，见图 5-3。

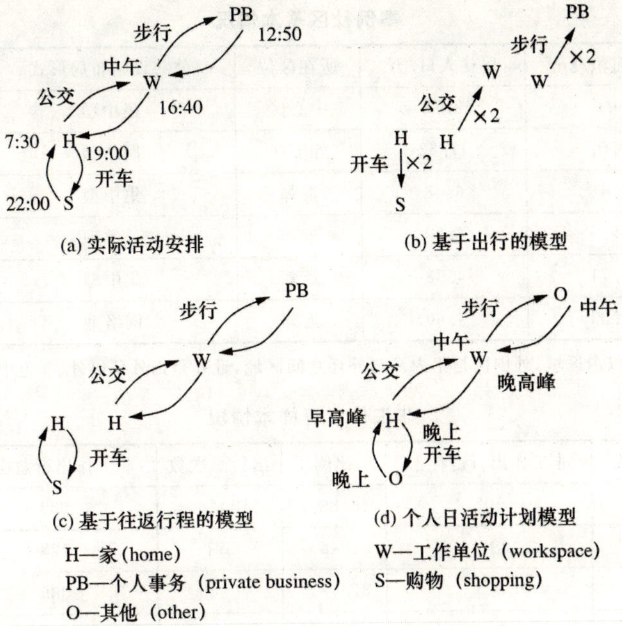

图 5-3　出行活动的不同表达方法[24]

5.2　居民社会经济属性特征分析

根据社区公共设施布局特点，在上海市中心区、外围区和近郊，选取六个案例社区，包括长寿路社区、大华社区、桃浦社区、顾村社区、吴泾社区和川沙社区。以上海市第五次综合交通调查数据为基础，筛选个人特征、家庭特征和非工作出行特征三个方面的居民出行相关数据。个人特征包括性别、年龄、就业情况等，家庭特征包括家庭总人口、交通工具拥有情况等，非工作出行特征包括出行时间、出行费用、出行方式等。通过调查数据整理，获取有效样本 1 324 份，能够满足模型的样本量要求，见表 5-2、表 5-3。

同时，这些社区的公共设施空间布局可分为分散型、集中型和网络型三种形式。分散型指社区公共设施零散分布，数量少，可达性较差；集中型指社区公共设施沿主要街道分布，具有一定的规模效应，可达性较好；网络型指社区公共设施沿街分布，呈网络状，数量多，可达性好。

表 5-2　　案例社区基本情况

社区名称	用地面积/km^2	居住人口/万	所在区位	公共设施布局形式	有效样本数
长寿路	0.9	3.78	中心区	集中型	92
大华	4.07	17.52	外围区	网络型	475
桃浦	1.48	6.48	近郊	集中型	237
顾村	15.9	6.20	近郊	分散型	201
吴泾	1.71	4.58	近郊	集中型	176
川沙	6.33	4.60	近郊	网络型	143

注：中心区是指内环以内区域，外围区是指内环与外环之间区域，近郊是指外环以外、靠近中心城区域。

表 5-3　　非工作出行样本情况

	样本数	非工作出行链样本	比例	出行总次数	非工作出行总次数	比例
大华	1072	502	46.83%	2426	637	26.26%
长寿路	246	97	39.43%	571	128	22.42%
川沙	799	303	37.92%	1849	386	20.88%
顾村	654	343	52.45%	1680	463	27.56%
桃浦	587	242	41.23%	1347	312	23.16%
吴泾	529	178	33.65%	1161	220	18.95%
安亭	76	41	53.95%	187	52	27.81%
嘉定新城	501	258	51.50%	1237	333	26.92%

注：非工作出行链主要指出行链中包含维持型（接送人、就医、日常生活）和娱乐休闲型（文化、体育、娱乐休闲）为目的的出行活动。

从表 5-3 可以看到，非工作出行者占总出行者的 40%～50%左右，而非工作出行次数约占总出行次数 20%左右。从不同区位社区的非工作出行比例来看，安亭比例最高，吴泾最少。由于非工作出行链的产生与社区居民的个人情况、出行特征以及社区公共设施可达性等多种因素有关，因此有必要针对不同区位的社区研究居民非工作出行的共性与差异性。

5.2.1　性别、年龄和就业

出行者的社会人口特征会对其出行行为产生影响，分析研究社区居民的社会人口特征是研究居民出行行为和出行链特征的前提。结合调查数据，利用数理统计的方法对各个案例社区居民的个人和家庭特征进行对比分析。由于本章研究的重点是居民非工作出行链，因此有效样本均为调查当天出行者的出行链中包含非工作出行活动的数据。研究社区居民的个人特征统计情况，如表 5-4、图 5-4 所示。

表 5-4　　研究社区居民性别和年龄情况

社区名称	性别		年龄				总计
	男性	女性	<30	30～50	51～70	>70	
长寿路	40 (43.5%)	52 (56.5%)	2 (2.2%)	19 (20.7%)	60 (65.2%)	11 (12.0%)	92
大华	198 (41.7%)	277 (58.3%)	12 (2.5%)	89 (18.7%)	316 (66.5%)	58 (12.2%)	475
桃浦	113 (47.7%)	124 (52.3%)	10 (4.2%)	40 (16.9%)	162 (68.4%)	25 (10.5%)	237
顾村	80 (39.8%)	121 (60.2%)	17 (8.5%)	41 (20.4%)	123 (61.2%)	20 (10.0%)	201
吴泾	75 (42.6%)	101 (57.4%)	14 (8.0%)	50 (28.4%)	100 (56.8%)	12 (6.8%)	176
川沙	60 (42.0%)	83 (58.0%)	6 (4.2%)	52 (36.4%)	79 (55.2%)	6 (4.2%)	143

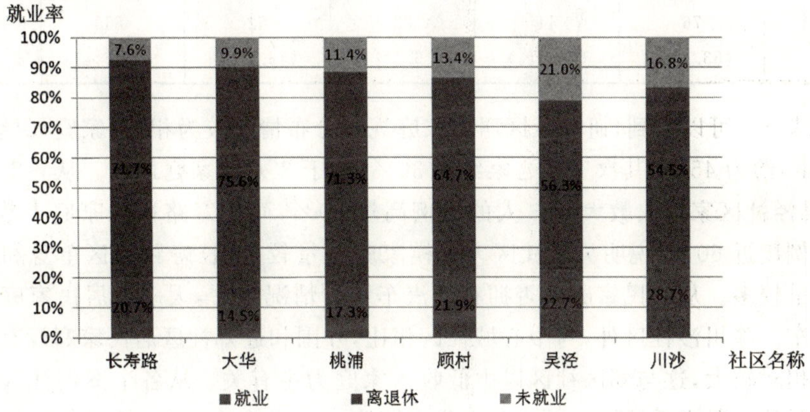

图 5-4　研究社区居民就业情况(未就业是指在校学生、待业无业人员)

从社区居民个人特征的统计结果来看，具有较强的共性，具体表现如下：①从性别分布来看，非工作出行人群的男女比例较均衡，并且各个研究社区普遍都是女性略多于男性；②从年龄分布来看，51～70 岁的中老年居民所占比重最大，其次是 30～50 岁的中年人，30 岁以下和 70 岁以上的居民比例较小；③从就业情况来看，离退休人员所占比重最大，其次是就业人员，未就业人员的比重最小。根据以上共性特征可知，研究选取的案例社区中最主要的非工作出行人群是 51～70 岁的离退休居民。各个研究社区居民在个人特征方面也存在一定的差异性。例如与其他社区相比，吴泾和川沙社区 50 岁以下居民群体比重较大，离退休人群比重较小，说明在吴泾和川沙的非工作出行居民中非老年人群、就业者比重相对较大。

5.2.2 家庭和小汽车拥有

表 5-5　研究社区居民家庭情况　单位:户

社区名称	家庭规模			小汽车拥有情况		总计
	<3 人	3 人	>3 人	无	有	
长寿路	54 (58.7%)	27 (29.3%)	11 (12.0%)	51 (55.4%)	41 (44.6%)	92
大华	242 (50.9%)	160 (33.7%)	73 (15.4%)	344 (72.4%)	131 (27.6%)	475
桃浦	131 (55.3%)	69 (29.1%)	37 (15.6%)	208 (87.8%)	29 (12.2%)	237
顾村	116 (57.7%)	62 (30.8%)	23 (11.4%)	159 (79.1%)	42 (20.9%)	201
吴泾	74 (42.0%)	47 (26.7%)	55 (31.3%)	101 (57.4%)	75 (42.6%)	176
川沙	76 (53.1%)	44 (30.8%)	23 (16.1%)	62 (43.4%)	81 (56.6%)	143

从表 5-5 可以看到,研究社区居民家庭规模分布情况较为相似,家庭规模以小于 3 人为主,约为 45%,其次三口之家约为 30%,大于 3 人的家庭最少。从各案例社区来看,吴泾社区家庭人数大于 3 人的比例高达 30%,而长寿路社区家庭人数小于 3 人的比例接近 60%,说明吴泾社区大规模家庭数量较多,长寿路社区单身和两口之家的数量较多。从居民家庭是否拥有小汽车统计情况来看,大多数居民家庭中都没有小汽车。除川沙社区外,与中心城社区相比,外围和近郊社区居民家庭没有小汽车的比例相对较大,这与郊区社区以中低收入家庭为主有关。从各个案例社区居民拥有小汽车的情况来看,桃浦、顾村和大华多数家庭中没有小汽车,长寿路和吴泾社区家庭没有小汽车和有小汽车的比例较为均衡,而川沙社区中拥有小汽车的家庭比例高于没有小汽车的家庭。小汽车拥有情况与社区区位、居住人群、职住距离等多方面因素有关,如长寿路社区位于中心区,居民出行需求较大,收入水平较高,家庭拥有小汽车的比例较高;吴泾社区和川沙社区位于距离市中心较远的近郊,居民中就业者比例较高导致通勤活动相对频繁,同时周边公共交通不便利,有小汽车的家庭比重较大。

5.3　居民非工作活动出行特征分析

5.3.1　非工作活动目的分布

总体上，在非工作出行活动中，维持型活动占主体，约为 80%，娱乐休闲型活动相对较少，说明不同社区的居民在非工作出行活动的选择上具有一定的共性，即以维持型活动为主，娱乐休闲型活动为辅。由于居民非工作出行的主要目的是维持家庭日常生活，如超市购物、菜场买菜、银行缴费等，导致日常生活在维持型活动中比重较大。对比不同社区发现，吴泾社区的日常生活出行比例较低，仅为 50%左右，这可能与吴泾社区周边交通不便利、购物设施不完善等因素具有一定联系。接送人以接送 16 岁以下未成年学生上下学为主，而吴泾和川沙的家庭规模多数为多口之家，同时川沙社区面积相对较大，吴泾社区附近没有轨道交通站点造成居民出行的不便利，因此吴泾和川沙社区的接送人出行比例较高，约为 20%，见表 5-6。

表 5-6　研究社区居民非工作活动目的分布情况

社区	维持型活动			娱乐休闲型活动
	日常生活	接送人	就医	文化体育娱乐休闲
长寿路	59.3%	16.3%	6.5%	17.9%
大华	65.6%	14.7%	6.0%	13.7%
顾村	62.8%	11.9%	4.5%	20.8%
桃浦	73.1%	6.6%	4.9%	15.4%
吴泾	48.6%	22.5%	7.8%	21.1%
川沙	61.0%	19.2%	2.3%	17.5%

5.3.2　非工作出行链分布

根据表 5-7 可知，研究社区的居民以 1 个出行链为主，2 个出行链次之，2 个以上的比例最低。从社区区位来看，中心区和近郊较为相似，而外围区的 1 次出行链比例较高，2 次出行链比例相对较低。由于中心区居民生活水平较高，导致非工作出行活动需求更大，特别是文化、娱乐等休闲性活动，产生多个出行链。近郊的社区公共设施数量相对较少，集聚度不高，造成居民通过单个出行链无法完成多个非工作活动。出行链长度方面，研究社区的居民以 2 次出行为主，4 次出行次之，其余则较少。从社区区位来看，中心区和近郊的 4 次出行比例较高，而外围区的 2 次出行比例较高，反映出中心区和近郊的社区居民出行活动更频繁。总体而言，社区居民以单一非工作出行活动的简单链为主，即“家—非工作出行目的地—家”的非工作出行模式。

表 5-7　研究社区居民非工作出行链分布特征

社区	出行链个数(个)			出行链总长度(次)			
	1	2	>2	2	3	4	>4
长寿路	75.0%	25.0%	0.0%	55.4%	10.9%	30.4%	3.3%
大华	82.7%	14.3%	2.9%	74.1%	6.9%	14.5%	4.4%
顾村	65.7%	32.8%	1.5%	54.2%	9.0%	31.3%	5.5%
桃浦	73.8%	21.5%	4.6%	71.7%	0.8%	21.9%	5.5%
吴泾	83.0%	16.5%	0.6%	74.4%	5.1%	15.3%	5.1%
川沙	79.0%	20.3%	0.7%	67.8%	4.9%	19.6%	7.7%

5.3.3　非工作出行方式分布

居民的非工作活动所采用的出行方式决定了个体出行的灵活性和机动性，也是居民安排各类非工作活动，形成出行链的重要影响因素。将出行方式分为小汽车、公共交通(公交车和轨道交通)、非机动车(自行车和电动自行车)和步行四大类。相对于小汽车和公共交通，非机动车和步行统称为慢行，图 5-5 反映了研究社区居民在非工作活动中出行方式的比例分布情况。

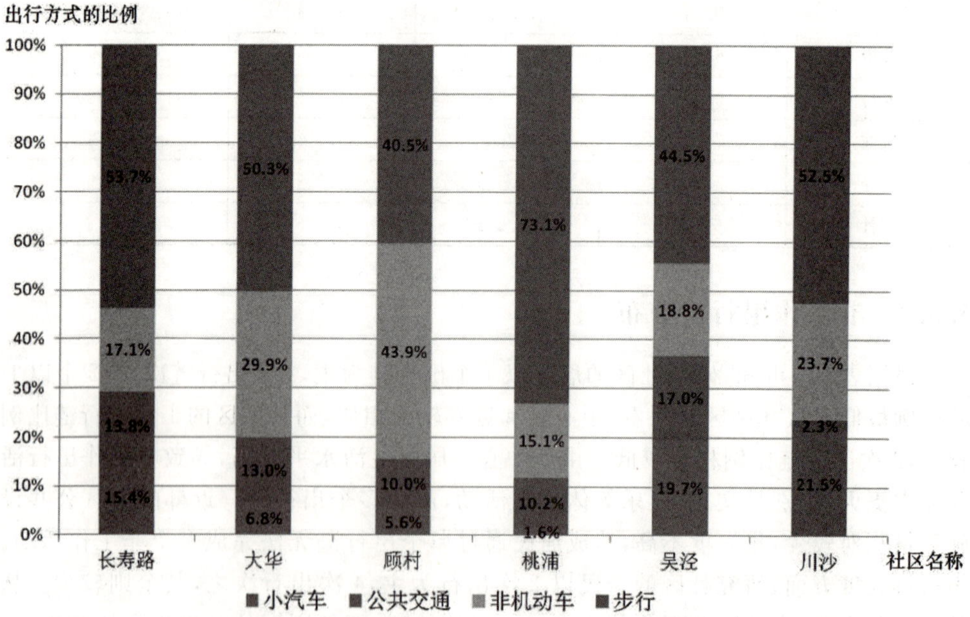

图 5-5　居民非工作活动出行方式分布

根据图 5-5 可知，慢行出行是非工作活动的主要出行方式，约占 75%，其中步行比重约为 40%～50%，在桃浦社区高达 70%左右。相比慢行出行方式，小汽车与公共交通的出行比例均较低。居民偏好于在社区周边的公共设施完成非工作出行活动，导致其多数为短距离出行，而慢行出行方式在灵活性、经济性上更具有优势，并兼具休闲、健身等特性，因此，居民在进行非工作活动时更倾向于选择慢行出行方式，尤其是步行。

5.4　社区公共设施布局特征分析

公共服务设施布局是影响居民非工作出行活动最直观的因素，设施布置情况会影响居民的出行频率，从而影响居民对非工作出行链的选择。根据各类公共设施的服务半径，结合社区内公共设施分布情况，利用 GIS 软件计算出研究社区内各类公共设施覆盖率，如表 5-8 所示。

表 5-8　　公共设施服务半径与覆盖率

设施类型		药店	医院	医疗类	幼儿园	小学	中学	教育类
服务半径		300m	500m		300m	500m	1000m	
服务区域覆盖率	长寿路	92.6%	94.6%	99.1%	50.9%	68.1%	100.0%	100.0%
	大华	83.4%	91.3%	96.4%	39.7%	57.0%	91.2%	91.2%
	顾村	4.8%	12.2%	14.8%	2.4%	5.6%	41.8%	43.0%
	桃浦	70.4%	79.1%	86.4%	37.3%	33.1%	85.5%	98.2%
	吴泾	56.7%	71.0%	79.0%	13.3%	61.0%	100.0%	100.0%
	川沙	34.0%	53.7%	55.4%	13.3%	33.8%	54.9%	59.1%

设施类型		体育休闲	生活服务	科教文化	金融保险	购物	公园绿地	餐饮
服务半径		500m	300m	500m	300m	300m	500m	300m
服务区域覆盖率	长寿路	100.0%	100.0%	62.6%	94.1%	100.0%	77.0%	96.2%
	大华	100.0%	97.7%	44.7%	76.8%	99.7%	47.9%	95.8%
	顾村	33.0%	35.3%	0.2%	1.9%	43.6%	3.3%	28.7%
	桃浦	92.8%	88.1%	33.4%	59.4%	95.7%	47.7%	92.6%
	吴泾	96.2%	78.6%	61.9%	43.5%	83.4%	37.8%	80.2%
	川沙	67.3%	52.4%	32.2%	29.5%	63.0%	24.4%	50.5%

公共设施覆盖率计算结果表明，中心区的长寿路社区各类公共服务设施最为完善，购物、餐饮、生活服务等维持类公共设施覆盖率均在 90%以上，休闲类公共设施在 60%以上。外围区的大华社区公共设施相对较为完善，除金融保险只有 77%外，其他维持类均超过 90%，休闲类约为 50%。在近郊社区中，居住社区在各类公共设施覆盖率上具有较大的差异性，尤其是顾村。顾村各类公共服务设施覆盖率是最低的，区域内缺乏科教文化类、金融保险类以及公园绿地类公共设施，反映出顾村社区的公共设施十分不完善。

5.5 非工作出行链选择的多项 Logistic 模型

出行行为研究的落脚点往往是选择行为研究，包括选择行为预测、影响因素分析，再往前推就是与某一影响因素的关系与作用机理。

居民非工作出行链与多种因素密切相关，个人特征、家庭特征及社区的区位、公共设施布局等都对居民的出行具有重要影响。由于不同社区在区位、公共设施布局、交通便利性等方面具有一定差异，导致居民非工作出行需求和出行链的不同。随着居民购物、娱乐休闲、日常生活等非工作出行需求的不断增长，有必要对居民非工作出行链进行深入的研究与分析。由于非工作出行主要发生在社区周边的公共设施中，但关于出行链与公共设施之间的关系研究较少，了解居民非工作出行行为的特征，分析其选择不同出行链的影响因素，有助于优化居住区公共设施空间布局模式，提高居民非工作出行活动的质量。因此研究居民非工作出行与公共设施布局之间的关系具有重要的现实意义，将指导相关交通政策的制定，引导居民的非工作活动模式。

国内外学者在研究出行行为或出行链时，将居民看成具有相同属性的群体或基于某一特征，如年龄或性别等，将出行行为特征进行数理统计性分析。部分研究采用了非集计的研究方法，但仅考虑个人特征、家庭特征对于出行链选择的影响作用，忽略了居住社区特征(如区位、交通便利性、公共设施情况等)与出行链之间的关系。弗兰克·普时梅拉诺(Frank Primerano)[25]分析了性别、年龄、出行方式等因素对于选择简单出行链和复杂出行链的影响。徐尚言(Sang-Eon Seo)[26]等人研究了中心区和郊区的不同年龄段居民的维持性活动和休闲性活动的出行频率。路易斯(Louis A. Merlin)[26]分析了建成环境与非工作出行之间的关系，发现家庭中小汽车拥有情况具有显著影响。陈燕萍，宋彦[28]等人以深圳市为例，应用多项 Logit 模型，引入城市土地利用变量与出行者的家庭、社会、经济等变量，分析其对居民工作与非工作出行方式的影响。杨敏[29]采用多项 Logistic 方法研究了个体特征和家庭特征对四种典型通勤出行模式选择行为的影响。

本章以上海市第五次综合交通调查数据为基础，首先分析社区居民的非工作出行链特征，再构建居民非工作出行链选择行为模型。通过多项 Logistic 模型分析个人特性、家庭特性、非工作出行特性以及社区特征对四种典型非工作出行链选择行为的影响。从社区公共设施布局形式对居民非工作出行链选择偏好影响为出发点，提出公共设施布局形式的合理建议，并指导相关交通政策的制定

5.5.1 多项 Logistic 模型

多项 Logistic 模型是广义线性模型的一种，是研究分类反应变量与多个影响因素之间相互关系的一种多变量分析方法，主要对多因素影响的事件进行概率预测。

当分类反应变量的类别为 2 类以上时,并且类别之间为无次序的关系,则可应用多项 Logistic 模型[30]。

当有 $j=1,2,\cdots,J$ 类的反应变量时,多项 Logistic 模型可通过以下 Logit 形式进行描述:

$$\ln\left[\frac{P(y=j\mid x)}{P(y=J\mid x)}\right]=\beta_{j0}+\sum_{k=1}^{K}\beta_{jl}x_k \tag{5-1}$$

式中,β_{j0} 和 β_{jk} 分别为回归截距和回归系数;x_k 为解释变量;$P(y=j\mid x)$ 表示条件概率;j 为反应变量类别。

由 $P(y=1\mid x)+P(y=1\mid x)+\cdots+P(y=J\mid x)=1$,可以得到:

$$\begin{aligned}&P(y=1\mid x+P(y=1\mid x)+\cdots+P(y=J\mid x)\\&=P(y=J\mid x)\left[1+\sum_{j=1}^{j-1}e^{x_j+\sum_{k=1}^{K}\beta_{jk}x_k}\right]=1\end{aligned}$$

那么,对于有 J 个类别的反应变量,第 j 类的概率为

$$P(y=j\mid x)=\frac{e^{\alpha_j\sum_{k=1}^{K}\beta_{jk}x_k}}{1+\sum_{j=1}^{J-1}e^{\alpha_j+\sum_{k=1}^{K}\beta_{jk}x_k}} \tag{5-2}$$

采用极大似然估计法对模型的参数进行估计,即通过建立似然函数,将观测数据的概率表述为未知参数的函数,选择使该函数达到最大的参数估计值。同时,采用似然比检验统计量检验模型整体系数的显著性,采用 Wald 统计量检验各具体变量系数的显著性。

5.5.2　模型的构建

根据出行链的复杂程度及其对通勤活动的包含关系,研究将非工作出行链分为四类,具体见表 5-9。以四类非工作出行链为反应变量,以个体特征、家庭特征、非工作出行特征以及社区特征作为解释变量,应用多项 Logistic 模型分析各属性特征对于非工作出行链选择行为的影响作用。

表 5-9　　居民非工作出行链分类及其比例分布

非工作出行链	具体描述	比例
简单维持链	出行链中仅含 1 次维持性活动,即家-维持性活动目的地-家	56.6%
简单休闲链	出行链中仅含 1 次休闲性活动,即家一休闲性活动目的地一家	12.1%
复杂非通勤链	出行链中包含 2 次及以上非通勤出行活动	20.5%
复杂通勤链	出行链中同时包含通勤出行活动和非通勤出行活动	10.7%

基于活动的出行需求理论的研究核心是行为模式,认为活动和出行者的家庭及个人特征是影响出行行为的重要因素。居民的性别、年龄、就业情况等个人属性和家庭人数、有无学龄前儿童、交通工具拥有情况等家庭属性对于居民非工作出行链的选

择行为具有不同程度的影响作用[62-64]。鉴于非工作出行活动主要在社区周边完成，因此社区区位、公共设施布局形式等社区属性对于非工作出行链的选择也具有一定程度的影响，见表 5-10。

表 5-10　　模型变量描述

属性	取值		
个人属性	性别	男性	1，其他 0
		女性	参考变量
	年龄	＜30 岁	参考变量
		30～50 岁	1，其他 0
		51～70 岁	1，其他 0
		＞70 岁	1，其他 0
	就业情况	就业者	1，其他 0
		离退休者	1，其他 0
		未就业者	参考变量
家庭属性	家庭人数	＜3 人	参考变量
		3 人	1，其他 0
		＞3 人	1，其他 0
	是否拥有小汽车	无	1，其他 0
		有	参考变量
非工作出行属性	400 米短距离出行次数		实际值
	非工作出行总费用		实际值
	非工作出行总距离		实际值
	非工作出行总时间		实际值
	非工作出行方式	小汽车	参考变量
		非机动车	1，其他 0
		公共交通	1，其他 0
		步行	1，其他 0
社区属性	社区区位	中心区	参考变量
		外围区	1，其他 0
		近郊	1，其他 0
	公共设施空间布局形式	分散型	1，其他 0
		集中型	1，其他 0
		网络型	参考变量

5.5.3　模型结果分析

应用 SPSS 软件的多项逻辑回归(multinomial logistic regression)模块[31]对非工作出行链选择模型进行参数标定，反应变量为简单维持链、简单休闲链、复杂非工作链和复杂工作链，解释变量为个人属性、家庭属性、非工作出行属性以及社区属性等相关变量。

根据模型的整体检验结果来看(表 5-11)，模型整体的似然比检验值为 1951.229，相应的 P 值小于 0.05，说明模型整体变量的影响是显著的。似然比检验结果中显著性水平未超过 0.05，表明变量与反应变量之间显著性相关，可保留作为解释变量。根据检验结果显示，非工作出行链选择行为的影响因素有年龄、就业情况、家庭人数、小汽车拥有情况、400m 短距离出行次数、非工作出行费用、非工作出行时间、非工作出行方式、社区区位以及社区公共设施布局形式。

表 5-11　　模型标定结果

变量		简单休闲链		复杂非工作链		复杂工作链	
		系数	显著水平	系数	显著水平	系数	显著水平
截距		0.255	0.717	−4.229	0.000	0.615	0.514
400 米短距离出行次数		0.145	0.057	0.326	0.000	0.147	0.174
非工作出行费用		0.013	0.494	−0.124	0.145	−0.076	0.042
非工作出行时间		0.007	0.150	0.055	0.000	0.013	0.061
年龄	＜30 岁	0		0		0	
	30～50 岁	−1.153	0.009	0.872	0.207	−1.258	0.012
	51～70 岁	−0.498	0.313	0.650	0.375	−0.711	0.209
	＞70 岁	−0.296	0.605	0.075	0.925	−21.232	/
就业情况	未就业者	0		0		0	
	就业者	0.322	0.350	−0.014	0.968	3.497	0.000
	离退休者	−0.877	0.018	−0.237	0.497	−1.851	0.006
家庭人数	＜3 人	0		0		0	
	3 人	0.573	0.008	−0.106	0.607	0.709	0.028
	＞3 人	−0.239	0.437	−0.356	0.174	−0.046	0.907
小汽车拥有情况	有	0		0		0	
	无	0.620	0.022	−0.023	0.916	−0.635	0.063
非工作出行方式	小汽车	0		0		0	
	步行	−1.343	0.001	1.169	0.016	−0.823	0.056
	非机动车	−1.122	0.011	1.395	0.005	−0.531	0.258
	公共交通	0.321	0.444	−0.643	0.278	−1.479	0.021

续表

变量		简单休闲链		复杂非工作链		复杂工作链	
		系数	显著水平	系数	显著水平	系数	显著水平
社区区位	中心区	0		0		0	
	外围区	−0.879	0.095	−0.582	0.243	−2.664	0.000
	近郊	−0.133	0.753	−1.109	0.001	−1.743	0.003
公共设施布局形式	网络型	0		0		0	
	集中型	−0.716	0.028	0.566	0.131	−1.190	0.007
	分散型	−1.239	0.003	1.211	0.002	0.318	0.520

注：参考类别为简单维持链。

模型结果显示，相比30岁以下的个体，30～50岁的居民选择简单休闲链和复杂工作链的概率较小，更偏好简单维持链和复杂非工作链。30～50岁的出行群体相对承担更多的社会与家庭责任，导致维持性出行需求的增加、休闲性活动的减少，但同时受到通勤的时空约束，因此，较少在上下班途中或返家后进行非工作出行活动，更偏向于在周末安排多个非工作出行活动。就业者选择复杂工作链的概率较大，而离退休者选择简单维持链的概率较大。就业者受到工作地点、通勤距离和通勤时间等因素的影响，为满足刚性非工作出行需求，如接送小孩上下学、买菜等，会在工作出行链中安排非工作出行活动。离退休者非工作出行时间灵活，但由于身体体能、收入情况等相对较差，导致非工作出行需求以维持性活动为主，并偏向于简单出行链。从家庭规模来看，三口之家选择简单休闲链和复杂非工作链的概率较大。三口之家是典型的家庭模式，维持性活动只能由工作的父母双方完成，同时拥有孩子的家庭休闲性活动需求更大，因此该模式下的出行者休闲性活动更为积极。从小汽车拥有情况来看，家庭中有小汽车的居民更倾向于选择简单休闲链。社区内休闲性公共设施覆盖率相对较低，导致休闲性活动出行距离较长，相比其他出行方式，往往选择在灵活性、便捷性上更具优势的小汽车出行。

非工作出行特征对居民非工作出行链的影响较大。随着400米短距离出行次数的增加，出行者在简单维持链和复杂非工作链之间更倾向于选择后者，原因是居民偏向于在社区周边进行非工作出行活动，因此出行次数的增加表明出行者非工作活动较为活跃从而形成复杂链的概率较大。非工作出行费用对于出行链模式的选择影响不大，这主要是由于非工作出行活动以慢行交通为主，出行费用一般均较低，因此居民在选择非工作出行链时不作为主要考虑因素。随着非工作出行时间的增加，居民选择复杂非工作出行链的概率也将变大，非工作出行时间的增加说明出行者非工作活动较为频繁和活跃，因此更可能在一天中安排了多个非工作活动。从出行方式来看，采用慢行出行方式的居民选择复杂非工作出行链的概率较大，慢行交通具有灵活性、经济性、停车便捷性等特点，使出行者能够灵活安排各种非工作出行活动，因此选择复杂非工作链的概率较大。

社区属性对居民非工作出行链的选择具有显著性影响作用。外围区和近郊社区居民更易选择简单维持链，而中心区居民更偏向于复杂出行链。就业岗位主要集中在中心城区，居住在中心区的出行者职住距离较短，同时中心区社区公共设施完善、交通便利，因此中心区居民非工作出行活动更为灵活、可达性高，更易形成复杂链。外围区和近郊社区公共设施相对不健全，居民以维持性活动为主，同时职住距离相对较远，因此更倾向于选择简单维持链。从公共设施布局形式来看，相比公共设施布局呈网络型的社区，集中型和分散型的社区选择简单休闲链的概率较小，集中型和分散型社区的休闲性公共设施数量少、规模小、可达性差，导致休闲性活动出行距离长，耗费出行时间长，从而居民选择简单休闲链的概率小。同时，相比网络型社区，分散型社区居民更倾向于选择复杂非工作链，而集中型社区居民选择复杂工作链的概率较小。分散型社区中维持型及休闲型公共设施较为不健全，因此居民安排非工作出行活动时具有一定的局限性，又出于时间、成本等因素的考虑，更倾向于通过复杂非工作链来一次出门完成多个非工作出行活动。集中型社区中公共设施覆盖率不高，设施主要沿街集中布置，造成居民在上下班途中完成非工作出行活动较为不便利。

5.6　小结

随着居民经济水平的提升、生活质量的提高和消费的多样化，出行者的维持性出行需求和休闲性出行需求明显增强。已有的研究主要涉及居民的社会经济人口特征、出行特征、居住区位等影响因素与出行链的关系，为了促进居民非工作出行的质量，优化公共设施布局模式，本章引入公共设施布局形式作为解释变量，分析其对居民非工作出行链的选择行为的影响，对公共设施布局与规划提出指导建议。结合数理统计与模型结果分析发现，以简单维持链为参照，未就业者、年龄30岁以下、采用小汽车出行方式及社区公共设施呈网络型布置的居民较多选择简单休闲链；采用慢行出行方式、社区公共设施呈分散型布置的居民较多选择复杂非通勤链；就业者、年龄30岁以下、采用小汽车出行方式、居住在中心区及社区公共设施呈网络型布置的居民较多选择复杂通勤链。这说明公共设施布局形式对居民的非工作出行链的选择具有显著性影响。

因此总体上，公共设施宜采用网络型布局形式，而维持型公共设施应采用分散型服务均衡布局、休闲型公共设施应采用集中型布局。菜场、早点铺、便利店等日常性使用的维持类公共设施宜采用分散布置以满足居民的日常性活动需求，而电影院、公园、体育馆等非日常性使用的休闲类公共设施宜采用集中设置以满足居民周期性活动需求。建议公共设施集中布置的社区，在居住区内部分散布置菜场、便利店、学校、医院等维持型公共设施，保障居民的日常非工作出行需求，使出行链中能够包含多个非工作出行活动；公共设施分散布置的社区应采用集中布设的方法增加一定数量与规模的休闲型公共设施，满足社区居民的休闲、娱乐、文化等多样化非工作出行需求。总体上，公共设施宜呈现网络化布局形式，保证维持类公共设施覆盖率均达到 90%以上，休闲类公共设施覆盖率到达 60%以上。同时由于居民倾向于采用慢行出行方式，考虑到人的舒适性、便利性等因素，居民非工作出行距离应在 1 千米以内，这也有利于居民选择复杂出行链模式，一天中能够完成多个非工作活动，提升非工作出行的质量。

本章注释

① HAGERSTRAND T. What Science Association about People in Regional Science[J]. Papers of the Regional,1970,24：7-21.

② CHAPIN F S Jr. Human Activity Patterns in the City[M]. New York：John Wily&Sons, Inc,1974.

③ MOSHEBEN-AKIVA，LERMAN S. Discrete Choice Analysis[M]. MIT Press，1985.

④ BEN-AKIVA M，BOWMAN J L，GOPINATH D. Travel demand model system for the information era[J]. Transportation，1996，23(3)：241-266.

⑤ REICHMAN S. Conceptual Problems In Evaluation Of Travel Time[M]. US：Transportation Research Boarcl. 1976.

⑥ BOWMAN J L，BEN-AKIVA M E. Activity-based disaggregate travel demand model system with activity schedules[J]. Transportation Research Part A，2001，35(1)：1-28.

⑦ HILLMAN M，WHALLEY A. Transportation And Disadvantaged - Falcocchio，JC And Cantilli，EJ[J]. Regional studies. 1976，10(1)：136-136.

⑧ NASS P. Urban Structure Matters：Residential location，car dependence and travel behavior [M]. London and New York：Routledge，2006.

⑨ 孙德芳，秦萧，沈山. 城市公共服务设施配置研究进展与展望[J]. 现代城市研究，2013(3)：27-33.

⑩ 毛海虓. 中国城市居民出行特征研究[D]. 北京：北京工业大学，2005：14-15.

⑪ FHA. 2001 Nationwide Personal Transportation Study. U. S. Department of Transportation，2003：35.

⑫ 丁威，杨晓光，伍速锋. 基于活动的居民出行行为研究综述[J]. 人文地理，2008(3)：85-91.

⑬ 褚浩然，郑猛，杨晓光，等. 出行链特征指标的提出及应用研究[J]. 城市交通，2006，4(2)：64-67.

⑭ Torsten Hägerstrand. What about people in Regional Science? [J]. Regional Science，1970，4(1)，7-21.

⑮ DAMM D. Interdependencies in activity behavior[J]. Transportation Research Record，1980，750：33-40.

⑯ KITAMURA R. An evaluation of activity-based travel analysis [J]. Transportation，1988，15(4)：9-34.

⑰ SWIDERSKI D，HOORN T，BRÖG W，et al. Activity-based modelling[C]//Recent advances in travel demand analysis[M]. Gower Publishing Co. Ltd，1983：313-382.

⑱ HIRSH M, PRASHKER JN, BEN-AKIVA ME. Dynamic model of weekly activity pattern[J]. Transportation Science,1986,20(1): 24-36.

⑲ CLARKE MI. Activity modeling: A research tool or a practical planning technique? [M]. In Behavioral Research for Transport Policy: 3-15. VNU Science Press, Utrecht, The Netherlands, 1986/ Clarke M I. Activity modelling-a research tool or a practical planning technique [J]. Behavioral Research for Transport Policy, 1986: 3-15.

⑳ BEN-AKIVA M, STEVEN R L. Discrete Choice Analysis: The Theory and Application to Travel Demand[M]. The MIT Press, Cambridge Massachusetts,1985.

㉑ PAS E I. State of the art and research opportunities in travel demand: Another Perspective[J]. Transportation Research A, 1985(19):460-464.

㉒ 隽志才,李志瑶,宗芳. 基于活动链的出行需求预测方法综述[J]. 公路交通科技,2005(6): 108-113.

㉓ 张文佳,柴彦威. 时空制约下的城市居民活动移动系统:活动分析法的理论和模型进展[J]. 国际城市规划,2009,24 (4) : 60-68.

㉔ 李民. 基于活动链的居民出行行为分析[D]. 长春:吉林大学,2004.

㉕ FRANK P,MICHAEL A P. Taylor, et al. Defining and understanding trip chaining behavior [J] . Transportation, 2008, 35(1): 55-72.

㉖ SEO S E,NOBUAKI O,NOBORU H. Effects of household structure and accessibility on travel [J] . Transportation, 2013, 40(4):847-865.

㉗ LOUIS A. Merlin. Can the built environment influence non-work activity participation? An analysis with national data[J]. Transportation , 2015 (42):369-387.

㉘ 陈燕萍,宋彦,张毅,等. 城市土地利用特征对居民出行方式的影响:以深圳市为例 [J]. 城市交通, 2011(5):80-85.

㉙ 杨敏. 基于活动的出行链特征与出行需求分析方法研究[D]. 南京:东南大学, 2007.

㉚ 王济川,郭志刚. Logistic 回归模型:方法与应用 [M]. 北京:高等教育出版社,2001:1-145.

㉛ 张文彤. SPSS 统计分析高级教程 [M]. 北京:北京希望电子出版社,2002:91-121.

第6章 郊区居民非工作活动行为的多维影响因素——公共设施的作用

交通行为分析框架认为，出行者特征既能直接影响出行者的出行行为，又能通过出行者活动参与间接影响出行者出行行为(图 6-1)[①-③]。而居民出行行为生成是多种因素综合作用的结果，除了出行者的社会人口属性外，社区区位、社区可达性等社区特征也影响着出行者的活动参与和出行行为(图 6-2)[④-⑧]。本章研究选取上海近郊 3 个社区和中心城 2 个社区作为研究案例，主要讨论的问题是：居民非工作活动安排和出行行为的影响机制是什么？非工作出行是居民到各类公共设施进行活动而产生的出行，那么社区公共设施布局等社区特征对非工作活动参与和出行行为有什么影响？相比较中心城社区，郊区社区居民在非工作出行时间、出行方式、活动链等方面具有哪些差异性特征？

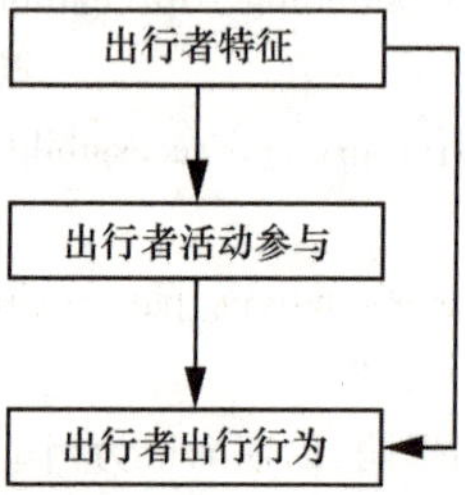

图 6-1 交通行为分析框架

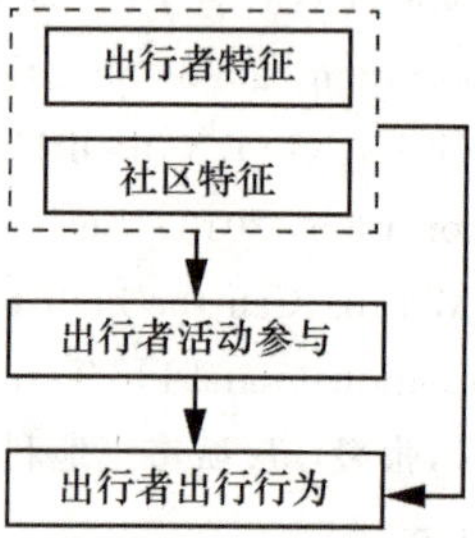

图 6-2 本章分析框架

6.1 研究设计和数据

6.1.1 模型选择

结构方程模型(Structural Equation Modeling，SEM)被应用在本研究中，因为本研究目的是通过建立模型，测度在非工作活动中社会人口属性、公共设施布局等社区特征与活动参与、出行行为之间的相互关系。居民活动参与和出行行为生成是由多种因素综合作用的结果，除了居民社会人口属性、社区区位、社区交通便利性等特征外，对非工作出行目的而言尤其要重视社区公共设施空间分布特征。

居民出行行为研究中，离散选择模型也应用较多，如 BNL、MNL、MNP、Mixed Logit 模型，通常分析出行者特征和出行方式等出行行为选择之间的关系。但以上模型及其改进模型的局限性就在于难以识别不同因素之间的内在关系。结构方程模型，是一种建立、估计和检验因果关系模型的方法。模型中既包含有可观测的显在变量,也可能包含无法直接观测的潜在变量。结构方程模型不仅可以定量分析多变量之间的交互关系,还能够分析变量间的直接效应和间接效应,从而了解复杂模型中变量之间的相互作用。随着交通行为科学研究问题复杂性的增加,当研究所涉及的变量增多,需要描述多变量之间的复杂因果关系时,越来越多的学者将结构方程模型引入到交通行为研究领域[⑨,⑩]。

6.1.2　数学表达

一个完整的结构方程模型通常由两个测量模型(measurement model)和一个结构模型(structural model)构成。测量模型表示潜变量与观测变量之间的关系,即描述潜变量由对应的显性指标所测量或概念化;结构模型分析潜变量之间的关系,以及模型中其他变量无法解释的变异部分。由于本文重点研究外生变量和内生变量之间的路径关系,不引入潜变量,因此结构方程模型的表达式为:

$$y = By + \Gamma x + \zeta \tag{6-1}$$

式中　y——内生变量组成的向量;

x——外生变量组成的向量;

B——内生变量间的关系,由随机联系矩阵表示;

Γ——外生变量对内生变量的影响,由直接随机效应矩阵表示;

ζ——结构方程残差向量,反映 y 在方程中未能解释的部分。

6.1.3　参数估计

参数估计能得到变量之间关系、模型未能解释部分、变量测量上的误差等参数。一个完整的结构方程模型包括 8 个参数矩阵:Λ_y,Λ_x,B,Γ,Φ,Ψ,Θ_ε,Θ_δ。Λ_y 和 Λ_x 为因子负荷矩阵,B 和 Γ 是路径系数矩阵,Φ 是外生潜在变量 ξ 的协方差矩阵,Ψ 为残差向量 ζ 的协方差矩阵,Θ_ε 和 Θ_δ 分别为误差项 ε 和 δ 的协方差矩阵。SEM 分析的拟合目标为求出参数使得残差的平方和最小,即模型隐含的协方差矩阵 $\Sigma(\theta)$ 与样本协方差矩阵 S 的残差最小,故拟合函数可记为 $F(S,\Sigma(\theta))$,求 θ 使 $F(S,\Sigma(\theta))$ 得到最小值。本书所使用的参数估计方法是极大似然估计法。

6.1.4　模型评价

模型评价涉及模型对数据的拟合程度。最常用的拟合指标是拟合优度的卡方检验(χ^2),可直接由拟合函数值推导,其值与样本量大小有关。另外还有标准化残差均方根(SRMR)、近似误差平方根(RMSEA)、拟合优度指数(GFI)、修正的拟合优度指数(AGFI)等指标。

6.1.5　数据来源

以内环线和外环线将上海城市空间划分为中心区、外围区和郊区,外环以内的中心区和外围区统称中心城，本研究选取的5个研究社区，包括长寿社区、大华社区、顾村社区、桃浦社区和吴泾社区，分别位于3个圈层中，如图6-3、表6-1所示。这5个社区建成时间较久，社区公共设施配置较为成熟。因此从社区区位、是否有轨道交通、公共设施覆盖率等社区特征看，具有代表性和可比性。

表6-1 研究社区描述

社区名称	区位	常住人口/万	轨交线	轨交站点
长寿社区	中心区	3.78	1	0
大华社区	外围区	6.96	0	0
桃浦社区	近郊	6.48	1	1
顾村社区	近郊	6.20	1	3
吴泾社区	近郊	4.58	0	0

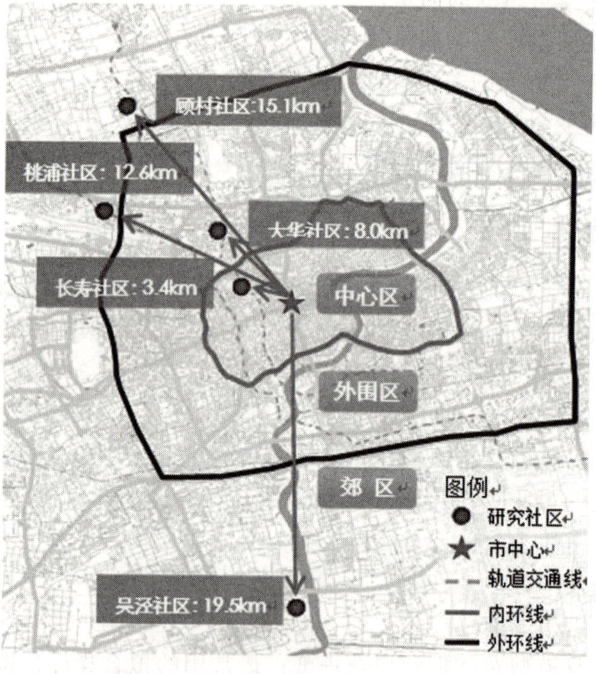

图6-3 研究社区区位图

本研究活动和出行行为数据来源于2014年上海市居民出行调查，主要变量包括：①社会人口特征，如性别、年龄、单位地址、家庭人口数、家庭小汽车拥有情况等；②居民活动特征，包括出发时间、到达时间、活动目的及地址、出行方式、出行距离等；③居民出行特征，如日出行次数、短出行次数、出行方式等。对回收的调查问卷进行了出行时间连续性、空间一致性以及方式一致性的检验，剔除无效问卷。由于本文研究非工作活动和出行，因此剔除了仅包含工作出行的问卷。得到有效问卷 1 147 份，其中近郊社区居民 554 份，外围区社区居民 492 份，中心区社区居民 101 份。

6.2　结构方程模型构建

6.2.1　数据分析

对 5 个社区居民的出行行为进行统计分析（表 6-2）：

（1）中心区社区居民和外围区社区居民在出行行为特征方面的差异性不大，郊区社区居民与中心城社区居民的出行行为特征差异较大。

（2）3 个圈层社区居民在进行非工作活动出行时均以慢行出行为主，主要在社区内部或者周边进行非工作活动，平均出行距离较短；中心区社区居民小汽车出行比例明显高于其他两个圈层社区居民，其居民家庭拥有小汽车的比例较高。

（3）3 个圈层社区居民的活动链模式都以简单维持性活动链（家一维持性活动-家，H-M-H）和复杂非工作活动链为主；中心区社区居民复杂工作活动链比例明显高于其他两个圈层社区居民，表明中心区社区居民在以通勤为主的过程中，更多能够进行一些非工作活动。

（4）3 个圈层社区居民的日出行次数和链个数差别不大，但郊区社区居民短出行次数明显多于其他两个圈层社区居民，表明郊区社区居民更依赖社区内部公共服务设施进行非工作活动。

表 6-2　　出行行为特征变量的统计分析

出行行为特征		中心区社区 $N=101$	外围区社区 $N=492$	郊区社区 $N=554$
日出行次数/次		2.82	2.53	2.77
短出行次数/次		0.74	0.84	1.43
出行方式	慢行	63.4%	75.2%	74.7%
	公共交通	16.8%	16.3%	18.1%
	小汽车	19.8%	8.5%	7.2%
活动链模式	H-M-H	43.6%	60.0%	52.3%
	H-L-H	10.9%	12.4%	11.9%
	复杂非工作活动链	28.7%	21.1%	24.9%
	复杂工作活动链	16.8%	6.5%	10.8%
链个数/个		1.23	1.21	1.31

注：①N 为有效样本数。②H＝Home 家，M＝Maintenance 维持性活动，L＝Leisure 休闲性活动，W＝Work 通勤活动 NW＝Non-work 非工作活动，即维持性活动或休闲性活动。

国内外相关研究通常按照出行目的将活动分为三类：工作性活动、维持性活动和休闲性活动。本文中非工作活动包括维持性活动（如购物、外出就餐、看病、接送人、银行等）和休闲性活动（如文化体育、娱乐休闲、参观游览等）。根据调查获取的居民活动数据，包含有非工作活动的活动链模式大致划分为以下四种：

（1）H-M-H：简单维持性活动链。

（2）H-L-H：简单休闲性活动链。

（3）复杂非工作活动链：活动链中包含 2 次及以上非工作活动出行，活动链代码可以表示为 H-NW-[NW]-H-[NW-[NW]-H]（[ ]中所表示的活动次数可以取 0 次及以上，但一条活动链中[ ]所表示的活动次数不能同时都取 0），例如 H-M-L-H 和 H-M-H-L-H 等。

（4）复杂非工作活动链：活动链中包含 2 次及以上非工作活动出行，活动链代码可以表示为 H-NW-[NW]-H-[NW-[NW]-H]（[ ]中所表示的活动次数可以取 0 次及以上，但一条活动链中[ ]所表示的活动次数不能同时都取 0），例如 H-M-L-H 和 H-M-H-L-H 等。

6.2.2 变量选择

本研究建立社区居民非工作活动与出行的结构方程模型，分析出行者的主观因素（个人特征和家庭特征）和社区特征如何影响居民非工作目的的活动参与和出行行为，以及与非工作活动和出行相关的各种出行选择之间如何相互影响。选取 3 个外生变量组，分别是个人特征（性别、年龄、就业情况、职住情况）、家庭特征（家庭人数、是否有 6 岁以下儿童、小汽车数量）和社区特征（社区区位、是否有轨道交通、维持类公共设施覆盖率、休闲类公共设施覆盖率）。选取维持性活动参与（维持性活动出行次数、维持性活动出行距离、维持性活动出行时间）、休闲性活动参与（休闲性活动出行次数、休闲性活动出行距离、休闲性活动出行时间）和出行行为特征（日出行次数、短出行次数、出行方式、活动链模式、链个数）作为结构方程的 3 个内生变量组。变量具体描述如表 6-3 所示。

表 6-3　　结构方程模型变量描述表

变量分类	特征	变量名称	变量描述
外生变量	个人特征	性别 x_1	男：$x_1=1$；女：$x_1=0$
		年龄 x_2	<30：$x_2=1$；$30\sim50$：$x_2=2$；>50：$x_2=3$
		就业情况 x_3	就业：$x_3=1$；离退休/未就业：$x_3=0$
		职住情况 x_4	工作目的地与居住地所在行政区分布关系。 职住同区(包含未就业)：$x_4=1$；职住不同区：$x_4=0$
	家庭特征	家庭人数 x_5	家庭常住人口总数，$x_5=1,2,3,4,5,6$
		是否有 6 岁以下儿童 x_6	是：$x_6=1$；否：$x_6=0$
		小汽车数量 x_7	家庭小汽车拥有量，$x_7=0,1,2,3$
	社区特征	社区区位 x_8	居住社区在城市空间所处位置。 中心区：$x_8=1$；外围区：$x_8=2$；近郊：$x_8=3$
		是否有轨道交通 x_9	社区内是否有轨道交通线路经过并且布设站点 是：$x_9=1$；否：$x_9=0$
		维持类公共设施覆盖率 x_{10}	社区内各种维持类公共服务设施服务区域覆盖率平均值
		休闲类公共设施覆盖率 x_{11}	社区内各种休闲类公共服务设施服务区域覆盖率平均值
内生变量	维持性活动参与	维持性活动出行次数 y_{11}	一天内维持性活动总的出行次数(次)
		维持性活动出行距离 y_{12}	一天内维持性活动平均出行距离(*km*/次)
		维持性活动出行时间 y_{13}	一天内维持性活动总的出行时间(*min*)
	休闲性活动参与	休闲性活动出行次数 y_{21}	一天内休闲性活动总的出行次数(次)
		休闲性活动出行距离 y_{22}	一天内休闲性活动平均出行距离(*km*/次)
		休闲性活动出行时间 y_{23}	一天内休闲性活动总的出行时间(*min*)
	出行行为特征	日出行次数 y_{31}	一天内总的出行次数(不包括短出行)
		短出行次数 y_{32}	一天内所有不超过 400*m* 的短距离出行次数
		出行方式 y_{33}	一天内非工作出行的主出行方式 慢行：$y_{33}=1$；公交：$y_{33}=2$；小汽车：$y_{33}=3$.
		活动链模式 y_{34}	一天内完整的活动链情况
			H-M-H：$y_{34}=1$；*H-L-H*：$y_{34}=2$；
			H-NW-[*NW*]*-H-*[*NW-*[*NW*]*-H*]：$y_{34}=3$；
			H-[*NW*]*-*[*W*]*-*[*NW*]*-H-*[[*NW*]*-*[*W*]*-*[*NW*]*-H*]：$y_{34}=4$.
		链个数 y_{35}	一天内出行链个数，即基于家的往返行程次数

6.2.3　模型结构

采用模型由结构方程外生与内生变量之间、内生变量相互之间的关系表示，模型结构设定如图 6-4 所示。在 *SPSS* 中建立数据库，导入 *AMOS* 构建联立方程式的结构方程模型。

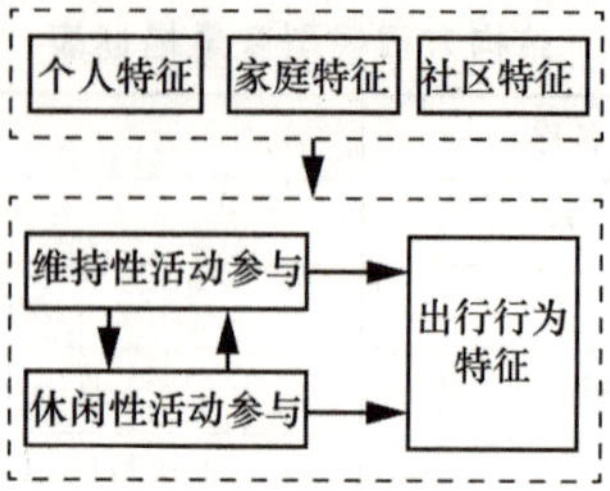

图 6-4 模型结构设定

6.2.4 模型拟合及评价

使用极大似然估计(*Maximum Likelihood*)进行模型运算,各项拟合指标运算结果及优度检验如表 6-4 所示。模型各项拟合指标均符合适配标准要求,拟合程度良好。模型置信水平 95% 以上。

表 6-4 模型拟合优度检验

评价指标	检验结果	适配标准
卡方值/自由度($\chi^2 \cdot df^{-1}$)	1.405	1～3 表示适配度良好
标准化残差均方根(SRMR)	0.0325	<0.05
近似误差均方根(RMSEA)	0.020	<0.05
拟合优度指数(GFI)	0.985	>0.9
调整拟合优度指数(AGFI)	0.973	>0.9

6.3 个人特征对非工作活动和出行行为的效应分析

如表 6-5 所示,就业情况对维持性活动参与和出行行为有较强影响,而对休闲性活动的影响并不显著。就业情况对维持性活动出行距离有较为显著的正效应,说明就业者比未就业、离退休人员维持性活动的平均出行距离要长,这主要由于就业者会将维持性活动安排在上下班途中完成。这一点与职住情况对活动链模式的影响是一致的,通勤者更倾向于复杂工作活动链,并且复杂工作活动链中通常结合维持性活动,而不是休闲性活动。

年龄对休闲性活动参与有较强影响,随着年龄的增长,居民休闲性活动出行距离缩短。对出行行为的较强影响表现在,年龄较大的居民 400 米范围内的短出行次数更高,出行方式的机动性减弱,更倾向选择步行和公交等出行方式,活动链模式则以简单链为主,如 H-M-H 和 H-L-H。

性别的直接影响主要表现在休闲性活动参与,男性参与休闲性活动的出行次数和时间普遍高于女性。女性更注重照顾家庭,除了工作出行之外还需进行各类维持性活动。

表 6-5　个人特征对非工作活动参与和出行行为的总体效应、直接效应和间接效应

内生变量	外生变量	性别			年龄			就业情况			职住情况		
		总体效应	直接效应	间接效应	总体效应	直接效应	间接效应	总体效应	直接效应	间接效应	总体效应	直接效应	间接效应
维持性活动参与	出行次数	−0.041	0	−0.041	0	0	0	0	0	0	0	0	0
	出行距离	−0.011	0	−0.011	0	0	0	0.101	0.101***	0	0	0	0
	出行时间	−0.025	0	−0.025	0	0	0	0	0	0	0	0	0
休闲性活动参与	出行次数	0.069	0.069*	0	0	0	0	0	0	0	0	0	0
	出行距离	0.038	0	0.038	−0.075	−0.075***	0	0	0	0	0	0	0
	出行时间	0.059	0.059*	0	0	0	0	0	0	0	0	0	0
出行行为特征	日出行次数	0	0	0	0	0	0	0.059	0.059***	0	−0.044	−0.044***	0
	短出行次数	0	0	0	0.110	0.110***	0	0	0	0	0	0	0
	出行方式	0.013	0	0.013	−0.098	−0.098***	0	0.165	0.125***	0.040	0	0	0
	活动链模式	0.010	0	0.010	−0.031	−0.031*	0	0.106	0.059**	0.046	−0.124	−0.089***	−0.035
	链个数	0	0	0	0	0	0	0	0	0	0	0	0

注：$P<0.05$，显著性水平为*；$P<0.01$，显著性水平为**；$P<0.001$，显著性水平为***。

6.4　家庭特征对非工作活动和出行行为的效应分析

如表 6-6 所示，家庭特征中小汽车数量对居民非工作活动参与和出行行为影响显著。家庭拥有小汽车使居民无论维持性活动还是休闲性活动的出行距离都增大，维持性活动的出行时间增加，在非工作出行时更倾向于选择机动性较强的小汽车出行。

家庭人数和家庭中是否有 6 岁以下儿童对休闲性活动参与有一定影响。家庭规模越大，居民休闲性活动强度越小，居民能够支配在文化体育、休闲娱乐、参观游览等休闲性活动的时间和精力相对较少。如果家庭中有儿童，居民休闲性活动的平均出行距离会增加。

表 6-6　家庭特征对非工作活动和出行行为的总体效应、直接效应和间接效应

内生变量 \ 外生变量		家庭人数			是否有 6 岁以下儿童			小汽车数量		
		总体效应	直接效应	间接效应	总体效应	直接效应	间接效应	总体效应	直接效应	间接效应
维持性活动参与	出行次数	0.021	0	0.021	0	0	0	0	0	0
	出行距离	0.005	0	0.005	0	0	0	0.103	0.103***	0
	出行时间	0.013	0	0.013	0	0	0	0.070	0.070**	0
休闲性活动参与	出行次数	−0.035	−0.035*	0	0	0	0	0	0	0
	出行距离	−0.019	0	−0.019	0.040	0.040*	0	0.058	0.058**	0
	出行时间	0	0	0	0	0	0	0	0	0
出行行为特征	日出行次数	0	0	0	0	0	0	0	0	0
	短出行次数	0	0	0	0	0	0	0	0	0
	出行方式	0.002	0	0.002	0	0	0	0.289	0.248***	0.041
	活动链模式	0	0	0	0	0	0	0.028	0.028*	0
	链个数	0	0	0	0	0	0	0	0	0

注：$P<0.05$，显著性水平为*；$P<0.01$，显著性水平为**；$P<0.001$，显著性水平为***。

6.5　公共设施等社区特征对非工作活动和出行行为的效应分析

如表 6-7 所示，社区区位和社区内是否有轨道交通，影响居民维持性活动参与和出行行为，但对休闲性活动参与的影响不显著。维持类和休闲类公共设施覆盖率对相应的活动参和出行行为都有显著影响。

与中心城相比，近郊社区居民维持性活动的平均出行距离较大，活动链模式倾向于选择简单链，这与近郊社区公共设施的可达性相对较差有关。社区内布设轨道站点对居民活动链模式选择，主要通过日出行次数产生间接影响，居民日出行次数增加后选择复杂链的概率增大。

较高的维持类公共设施覆盖率会增加居民的维持性活动强度，特别对短出行次数影响显著。较高的休闲类公共设施覆盖率会促使居民更多选择慢行，活动链模式倾向于简单链。这是由于维持性活动在一定条件下经常与其他活动结合出行，而休闲性活动倾向于单独构成一次基于家的往返出行。

表 6-7　社区特征对非工作活动和出行行为的总体效应、直接效应和间接效应

内生变量 \ 外生变量		社区区位			是否有轨道交通			维持类公共设施覆盖率			休闲类公共设施覆盖率		
		总体效应	直接效应	间接效应	总体效应	直接效应	间接效应	总体效应	直接效应	间接效应	总体效应	直接效应	间接效应
维持性活动参与	出行次数	0	0	0	0.065	0.065**	0	0.022	0.022*	0	0	0	0
	出行距离	0.068	0.068**	0	0.017	0	0.017	0.006	0	0.006	0	0	0
	出行时间	0	0	0	0.031	0	0.031	0.011	0	0.011	−0.069	−0.069***	0
休闲性活动参与	出行次数	0	0	0	0	0	0	0	0	0	0	0	0
	出行距离	0	0	0	0	0	0	0	0	0	−0.039	−0.039*	0
	出行时间	0	0	0	0	0	0	0	0	0	0	0	0
出行行为特征	日出行次数	0	0	0	0.150	0.150***	0	0	0	0	0	0	0
	短出行次数	0.414	0.414***	0	0.026	0	0.026	0.501	0.521***	−0.020	0.010	−0.012*	0.022
	出行方式	0.027	0	0.027	−0.071	−0.064*	−0.007	0.038	0.028*	0.010	−0.287	−0.275***	−0.011
	活动链模式	−0.052	−0.052***	0	0.118	0	0.118	0	0	0	−0.033	−0.033*	0
	链个数	0	0	0	0.177	0.177***	0	−0.132	−0.132***	0	0.147	0.147***	0

注：$P<0.05$，显著性水平为*；$P<0.01$，显著性水平为**；$P<0.001$，显著性水平为***6 内生变量之间的效应分析。

维持性活动参与的直接效应路径系数如图 6-5(a)所示，维持性活动出行距离对出行方式产生直接作用，居民维持性活动出行距离越长，越倾向于选择机动性更强的出行方式。同时，维持性活动参与内部各变量之间相互作用显著。

休闲性活动参与的直接效应路径系数如图 6-5(b)所示，居民休闲性活动出行次数增多，其维持性活动出行次数和出行时间相应减少。维持性活动对休闲性活动的影响并不显著，但休闲性活动对维持性活动却有明显的抑制作用，这说明随着生活水平的提高，居民更注重休闲娱乐和身心健康类活动。

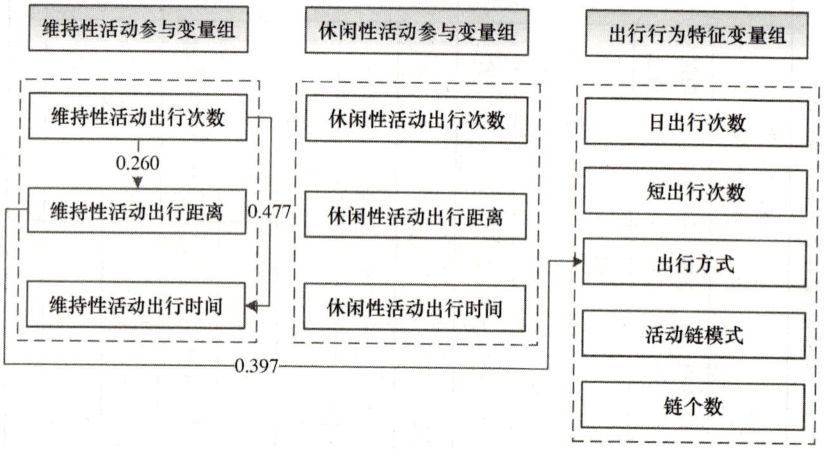

(a) 维持性活动参与直接效应路径图

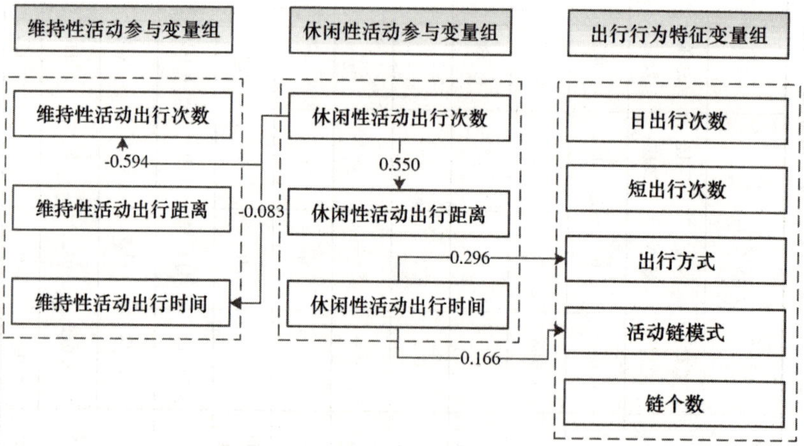

(b) 休闲性活动参与直接效应路径图

图 6-5 内生变量直接效应路径图

6.6 小结

(1) 通过结构方程模型,能够捕捉到居民社会人口特征、社区特征、非工作活动参与和出行行为之间的复杂关系。特别是模型结果显示,在模型中包含进公共设施等社区特征外生变量,能够比仅有社会人口特征变量更好地解释居民非工作出行行为。

(2) 个人特征、家庭特征和社区特征都对居民非工作活动和出行行为产生影响,但影响强度不同。社区特征的影响强度大于出行者个人特征、家庭特征。

(3) 社区特征中影响最为显著的变量是社区公共设施服务覆盖率;个人特征中影响最为显著的变量是就业情况,由于居民就业情况的差异导致活动特征的差异,进一步造成出行特征的差异;家庭特征中影响最为显著的变量是小汽车数量,小汽车数量对维持性活动出行距离的直接效应为 0.103,对出行方式的直接效应为 0.289。

通过结构方程模型,能够更全面地解释居民非工作活动参与和出行行为的影响机制,以及它们的影响强度。居民非工作出行行为是多因素综合作用的结果,不仅与居民社会人口特征有关,社区区位、社区公共设施布局等土地利用因素影响强度更大,因此将交通和土地利用规划协同考虑、行为研究和交通政策制定协同考虑,对于引导居民活动参与和出行行为具有重要作用。

本章注释

① STOPHER P R, HARTGEN D T, Li Y. SMART: simulation model for activities, resources and travel[J]. Transportation, 1996, 23(3): 293.

② LEE Y, HICKMAN M, WASHINGTON S. Household type and structure, time-use pattern, and trip-chaining behavior[J]. Transportation Research Part A: Policy and Practice, 2007, 41 (10): 1004.

③ KUPPAM A R, PENDYALA R M. A structural equations analysis of commuters' activity and travel patterns[J]. Transportation, 2001, 28(1): 33.

④ MERLIN L A. Can the built environment influence nonwork activity participation? An analysis with national data[J]. Transportation, 2015, 42(2): 369.

⑤ SEO S E, Ohmori N, Harata N. Effects of household structure and accessibility on travel[J]. Transportation, 2013, 40(4): 847.

⑥ 鲜于建川,隽志才. 非工作活动生成和分配模式研究 [J]. 交通运输系统工程与信息, 2011, 11 (4):124.

⑦ LEE J. Impact of neighborhood walkability on trip generation and trip chaining: case of Los Angeles[J]. Journal of Urban Planning and Development, 2016, 142(3): 05015013.

⑧ 陈燕萍,宋彦,张毅,等. 城市土地利用特征对居民出行方式的影响:以深圳市为例[J]. 城市交

通，2011，9(5)：80.

⑨ KRIZEK K J. Neighborhood services，trip purpose，and tour-based travel[J]. Transportation，2003，30(4)：387-410.

⑩ GOLOB T F. A simultaneous model of household activity participation and trip chain generation [J]. Transportation Research Part B：Methodological，2000，34(5)：355.

第 7 章　引导郊区社区居民在非工作活动中更多选择步行——公共设施的作用

土地利用特征对非工作出行方式的影响，汉迪(Handy)[1]关注商业设施与购物出行方式的关系，其研究认为商业设施覆盖率的增加将有助于减少购物出行驾驶小汽车的比例，而增加步行或乘坐公共交通的比例。拉贾马尼(Rajamani)[2]等人基于空间解析度及个人出行决策层面，通过建立多项 Logit 方式选择模型，认为混合土地利用和高居住密度将增加非工作出行中步行和公交的比例，而过多断头路的存在则会对步行造成负面的影响，此外可达性的增加会大大促进娱乐休闲活动的步行及自行车出行。博尔内特(Boarnet)等[3]人研究中心型社区和廊带型社区哪一类更有助于步行出行，回归分析结果表明中心型社区比廊带型社区具有更多的步行出行，当然在中心型社区也存在着更短的出行距离所引起的机动车出行的迹象，因此机动车出行减少的证据并不像步行增加的那么强烈。以上有关土地利用模式与非工作出行的研究中，土地利用模式变量通常采用“4Ds”，即居住密度、土地混合利用、可达性及街区模式 4 类变量。但值得关注的是，非工作出行是到公共设施进行活动而产生的出行，公共设施变量对非工作出行方式影响的研究还较少。

总之，尽管在居民出行中非工作出行比例增长很快，但目前无论国外还是国内，有关非工作活动和出行的研究还相对较少，而针对城市郊区社区及中低收入人群非工作出行的研究更是少之又少。上海郊区大型社区中以低收入人群为主，非工作出行的比例较大，在出行方式上小汽车则较少[4]，而已有的研究基本关注如何减少小汽车出行，增加步行和公共交通。已有的研究也大多只关注于一种或几种非工作活动，如购物或娱乐休闲活动[5,6]。有的则将所有非工作活动看作是一种活动类型[7,9]，忽略了土地利用模式对不同目的非工作出行的影响。有关土地利用模式和非工作出行方式之间的研究，人口密度或居住密度影响的结论不一致[10,11]，非居住用地比例的影响虽然肯定，但解释性不强，特别是土地利用变量中缺乏公共设施变量的影响，而已有的公共设施研究多专注于作为城市形态表征的设施可达性的测算及影响[12-12]。本章试图填补已有研究的空白，在土地利用变量中引入公共设施密度，分析各种土地利用变量对不同目的非工作出行方式的影响强度，特别是对步行、轨道交通和公交车三种方式的影响，研究什么样的土地利用特征能够促进居民在非工作活动中更多采用步行方式，从而促进可持续社区建设。

7.1　研究设计和数据

在相对成熟的郊区保障性社区中，我们选取了两个对比案例——宝山区的顾村社区和松江区的泗泾社区。顾村属于中心城延绵区域，距离中心城外围约 1.4km。而泗泾则远离中心城，距离约 13.9km，如图 7-1、图 7-2 和图 7-3 所示。

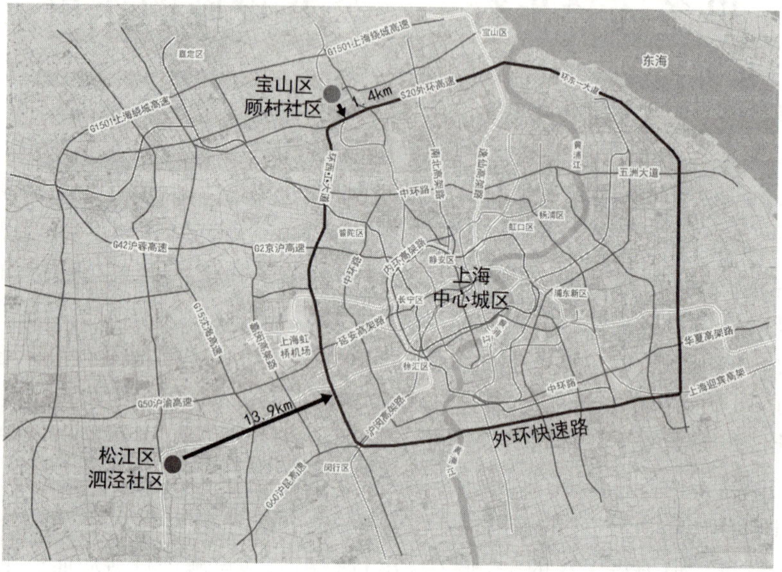

图 7-1 两个大型社区区位示意图

（资料来源：谷歌地图）

图 7-2 泗泾社区用地现状图

（资料来源：《泗泾社区控制性详细规划》）

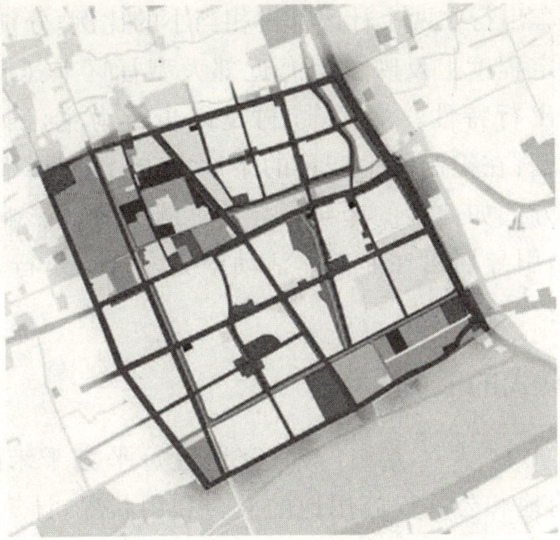

图 7-3　顾村社区用地现状图
（资料来源：《顾村社区控制性详细规划》）

7.1.1　非工作活动分类

为了研究土地利用变量对不同目的的非工作出行的影响，首要任务是将多种非工作活动分成有限的种类，这有助于分析的可行性和方便性。瑞克曼（Reichmann）建议将活动分为三类：

（1）生存型活动，包括那些对支撑家庭的资金提供方面非常重要的工作，或者和工作相关的活动；

（2）维持型活动，包括购买和消费家庭个体所需的便利物品或个人服务；

（3）休闲型活动，包括在自由时间内进行的多种自愿的活动，如社交、娱乐和其他由文化和生理需求所驱使的自由追求[14]。

本研究沿用 Reichmann 的活动分类方案，但做出了一些修改和细分。所有与工作或上学相关的通勤出行被归为工作出行，本研究主要关注非工作活动出行。当然分类也在一定程度受限于数据的来源。由此，非工作活动进一步地被分成五种具体的类型：

购物：便利店、超市、购物中心等购物活动。

娱乐休闲：外出就餐、看电影、健身等休闲、娱乐活动。

个人业务：个人商务活动等。

生活：看医生、银行、邮局等活动。

接送人：为家庭成员或朋友做司机，到工作、学校、托儿或其他地方。

7.1.2　上海郊区社区居民非工作出行方式特征

泗泾社区和顾村社区非工作出行方式具有明显的差异。步行在顾村居民非工作出行中比例最高，为 33.2%，而泗泾仅为 14.2%。泗泾非工作出行方式比例最高的是轨道交通，比例为 38.3%，远高于顾村的 14.2%。地面公交出行相近，泗泾为20.8%，顾村为19.2%。小汽车出行在两个社区都占相当小的比例，分别为8.8%和8.6%。

顾村和泗泾在一定程度上反映了上海近郊大型社区非工作出行中轨道交通、公交车和步行占主导的出行特性。然而，顾村是以步行为主，泗泾则是以轨道交通为主。本章将探讨的问题：在控制其他变量的条件下，土地利用中的哪类变量导致了这两个社区非工作出行方式如此大的差异？公共设施变量的影响如何？是否能够通过土地利用模式的改变，引导居民在非工作活动中更多选择步行，以缩短居民非工作出行在途中花费的时间？

7.1.3 土地利用模式的表征

参照土地利用的"4Ds"表征方法，本研究通过每平方千米的人口数量来测算密度；多样性则是居住用地和公共设施用地的混合利用状况，计算公式如下：

$$m = \frac{\sum (P_{k'\ln} P_k)}{\ln N} \tag{7-1}$$

式中 k——土地利用类型，在本研究中 $k=1,2$；

P——该类土地利用的比例；

N——土地利用类型的数量。

街区设计则由四向交叉口比例和街坊规模共同表征。以公共设施的密度来表征可达性。同时，引入公共设施所提供的岗位数量，来表征社区公共设施的服务活力。为了进一步探讨各类公共设施密度与不同目的非工作出行方式间的关系，基于数据来源信息，把公共设施分成了以下六种类型：餐饮、购物、生活服务、文化娱乐、医疗和交通设施（表7-1）。

7.1.4 分析模型

尽管两分类反应变量的Logistic回归应用十分广泛，但交通、城市规划领域不少因变量属多分类变量，如居民的出行方式等。由于在多分类因变量的Logistic回归分析中，虽然样本数据应用条件的假设检验、比数比的作用等问题从理论上得到了解决，但假设检验的具体方法、统计量计算、比数比大小的实际意义等仍应用很少，因此本文通过Logistic回归分析探讨社区土地利用模式对居民非工作出行方式的影响，模型计算方程如下：

$$\ln\left(\frac{P_2}{P_1}\right) = \beta_{20} + \beta_{21} X_1 + \beta_{22} X_2 + \cdots + \beta_{2n} X_n \tag{7-2}$$

$$\ln\left(\frac{P_3}{P_1}\right) = \beta_{30} + \beta_{31} X_1 + \beta_{32} X_2 + \cdots + \beta_{2n} X_n \tag{7-3}$$

式中，P 表示在公交车、轨道交通和步行3种出行方式中，居民选择其中某一种的概率；X 则是表征土地利用模式的4类解释变量。向量 β 为待估参数，以表明土地利用模式与居民出行方式的相关性及影响程度的数量级。

在上述方程组中，P_1，即居民选择步行作为出行方式的概率，将作为比对的基础。而优胜比率 P_m/P_1，则表示选择其他出行方式的概率与选择步行的概率之比，本研究将公交车、轨道交通和步行 3 种方式中优胜比率最明显的方式作为居民非工作出行方式决策的重要依据。

7.1.5　数据

本章的出行行为数据来源于 2012 年上海郊区 5 个大型社区的居民出行调查，这是由上海市建设和交通委员会组织完成的。调查覆盖了居民入住率较高、公共设施配套相对成熟的 5 个社区，采用入户问卷调查方法，调查户内每个 6 岁以上居民的休息日 24 小时内外出的活动，主要信息包括：开始时间、结束时间、每次活动的目的、每次活动的交通方式。记录每个人的活动从早上出门开始，当晚上到家时结束。同时收集的数据还有社会经济、人口统计和社区特性。调查总计 6169 人，其中具有对比性的顾村社区和泗泾社区共计 2457 人。

然而，并不是所有的问卷都对本研究有用。有的缺失了活动参与者的社会经济特性，有的记录显现出时间上的不一致，例如，在调查那天有多于或少于 24 小时的。考虑了所有的这些因素以后，最终两个社区的数据包含了 2420 人用于本研究。

本章使用的其他数据包括 2010 年第六次全国人口普查数据，根据 2008 年第二次上海经济普查推算得到 2013 年各类岗位数量，土地利用多样性的数据来源于 2011 年上海市土地使用状况。街区和四向交叉口、公共设施兴趣点的数据则来源于 2013 年的地图软件和航拍照片。

7.2　Logistic 模型的构建及回归分析

本章通过多元 Logistic 回归模型，进一步讨论各类土地利用解释变量对出行方式的具体影响程度。

表 7-1　顾村与泗泾土地利用变量的描述性统计

	人口密度（人/平方千米）	土地多样性/%		十字交叉口比例/%	街坊规模（公顷）	公共设施密度（总计）	岗位数量
		R 类	C 类				
松江泗泾	9122	31.12	2.02	33.3	31.45	61.99	139
宝山顾村	12739	44.24	7.57	50.0	19.03	67.87	2665

	公共设施密度					
	餐饮	购物	生活服务	文化娱乐	医疗	交通设施
松江泗泾	17.48	30.20	1.59	9.54	3.18	0
宝山顾村	15.35	28.28	4.04	12.52	4.04	3.64

注：土地多样性中 R 类为居住用地，C 类为公共设施用地。

拟合模型的建立过程分为2步：首先在基础模型中纳入选取的4类土地利用变量，观测各因子的显著性并去除有较强相互影响、无统计意义的因子。因子筛选后将剩余变量再次纳入模型，获得更细致的模拟结果以更全面地认识土地利用特征对出行方式选择的作用特征。

由SPSS软件对基础模型进行计算，整理结果表7-2所示。其中Column A和Column B分别显示了变量筛选前后各因子的变化。卡方(χ^2)值反映变量的重要程度，其值越高，指标重要性就越高；Sig值反映因子的统计意义是否显著，本研究以0.1为临界点，若因子Sig值小于0.1，则对因变量影响显著；一般来说χ^2值越大，Sig值越小。

表7-2　基础模型的拟合效果简表

解释变量		Column A		Column B	
		χ^2	Sig	χ^2	Sig
人口密度		8.1	0.056	8.2	0.044
土地多样性		9.9	0.041	21.8	0.000
街区设计	十字交叉口比例	187.5	0.000	233.1	0.000
	街坊规模	116.2	0.000	139.7	0.000
社区公共设施密度	餐饮	2.2	0.697		
	购物	21.3	0.001	34.2	0.001
	文化娱乐	8.2	0.083	8.6	0.071
	生活服务	7.9	0.081	8.0	0.064
	医疗	6.8	0.160		
	交通设施	5.7	0.240		
岗位数量		4.1	0.353		

在最终的回归模型中选取了步行方式作为比对的对象，因为我们想进一步了解两个问题：土地利用模式对于不同目的非工作出行的影响程度是什么样的？土地利用模式的改变，是否能引导居民非工作出行方式更多选择步行？

结果显示，当模型中仅有常数时，似然值为1153.471；而最终模型的似然值下降到958.9，卡方为194.56。模型的类R方为0.268，一般当该值介于0.2～0.4之间时，就认为模型有较好的拟合优度。似然比卡方检验的p值小于0.01，因此零假设被拒绝，证明模型包含的解释变量对因变量有较强的解释能力，同时说明模型的预测准确性较高。

模型参数显示，对居民非工作出行方式影响程度由强至弱的土地利用特征变量分别为：街区设计、社区公共设施密度、土地多样性、人口密度和岗位数量(表7-3)。

表 7-3 Logistic 回归模型参数估算结果

		购物		休闲娱乐		业务		生活		接送人	
		公交	轨道	公交	轨道	公交	轨道	公交	轨道	公交	轨道
常数项		−0.20	0.53	−0.62	0.85	1.09	1.38	−0.67	−1.09	1.97	1.66
人口密度		−0.78	−1.11	−0.83	−1.06	−0.69	−0.34	−1.55	−1.76	−0.16	−0.15
土地多样性		−1.41	−2.52	−3.76	−2.94	−0.87	−0.01	−0.49	−0.71	0.30	1.05
街区设计	十字交叉口 比例	−1.74	5.06	−8.10	−6.63	−1.29	−1.28	−1.03	−2.53	0.27	0.11
	街坊规模	−2.32	−4.99	−7.23	−6.44	−1.58	−1.37	−1.12	−2.25	0.39	0.14
社区公共设施密度	购物	7.24	7.96	0.19	0.61	1.13	1.44	1.83	1.51	−0.42	−0.59
	文化娱乐	−0.13	−0.39	−5.67	6.13	−0.54	−0.97	−4.95	−5.15	0.66	0.25
	生活服务	−1.56	−0.47	−1.71	2.28	−0.85	−0.09	−6.54	−7.17	1.46	1.21

7.3 土地利用对居民非工作出行方式的影响

7.3.1 街区设计对于居民非工作出行方式的影响最为显著

从定量分析的角度，街区设计对于居民非工作出行方式的影响是最为显著的。十字交叉口比例和街坊规模的影响非常相近，随着十字交叉口比例的上升和街坊规模的减小，居民出行选择步行的概率将大幅度上升，其次是公交车，而最不倾向于选择轨道交通，将有大量的出行从轨道交通向步行转移。街区设计对不同目的非工作出行的影响程度也有所不同。受街区设计影响较为显著的是购物和休闲娱乐等休闲性活动的出行，受影响次显著的是生活出行等维持性活动。

对于个人业务和接送人两类以个体机动化交通为主的出行而言，并没有太多的证据表明街区设计的改善将导致更多的步行出行。

7.3.2 土地混合利用熵值影响居民非工作出行方式

土地利用的混合程度通过引入信息论中熵的原理来表示，熵值的大小直接表征了混合程度的高低。尽管泗泾社区和顾村社区的居住用地比例及公共设施用地比例均在一个数量级上，但二者所反映的土地混合利用熵平均值却相差较大，泗泾社区和顾村社区的熵平均值分别为 0.41 和 0.69。模型估算结果表示，土地多样性对出行方式的影响显著性仅次于街区设计和公共设施密度。随着土地混合利用熵值的增加，居民非工作出行将更倾向于选择步行，其次是公交车。

对于不同目的的非工作出行，土地多样性对购物出行和休闲娱乐出行的影响最为显著，对生活出行的影响其次；然而并没有任何的迹象表明，随着多样性的增加，在个人业务和接送人出行中将会引起更多的步行出行。

7.3.3 人口密度对非工作出行不同方式的影响

泗泾社区和顾村社区在人口密度方面差异较大，泗泾为 9122 人/km^2，而顾村为 12739 人/km^2。Logistic 模型分析结果表示，人口密度越大，居民非工作出行选择步行的概率越大，选择公交车和轨道交通的概率则越小。高人口密度对于鼓励步行出行起到了一定的积极作用。

本研究中，非工作出行公共交通比例并没有随着社区高人口密度而显示更高。顾村社区的人口密度和交通设施数量都要远高于泗泾社区，居民非工作出行公共交通比例为 32.4%，远低于泗泾社区的 59.1%。这与社区区位和居民非工作出行的距离有关。顾村社区属于中心城延绵区域，公共设施密度高，居民非工作出行距离 50%在 3km 内，85%在 10km 内，出行距离适合步行，因此非工作出行公共交通比例相对较低。而泗泾社区人口密度较低，同时公共设施密度低，非工作出行距离 50%在 13km 内，85%在 35km 内，而这正是公共交通的优势出行距离，如图 7-4 所示。

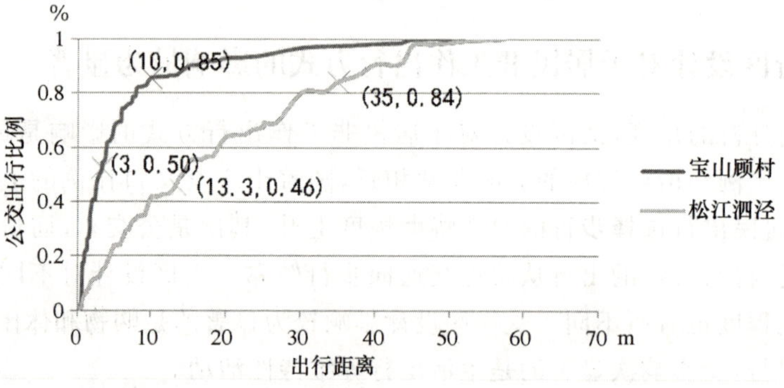

图 7-4 顾村与泗泾居民非工作出行距离累计频率图

7.4 不同类型公共设施对居民非工作出行方式的影响程度不同

在 4 大类土地利用变量中，社区公共设施密度的影响仅次于街区设计。参数估算结果表明，随着社区公共设施密度的增加，居民将最有可能选择步行，其次是公交车，而最不倾向于选择轨道交通。

不同类型设施的影响程度不同。在 6 类设施中，影响最大的为购物设施密度，购物设施密度每增加 1 个单位，居民选择步行的概率为选择公交车的 2.02 倍，为选择轨道交通的 1.74 倍。选择概率的差异表明，随着购物设施密度的增加，居民将更多优先选择步行。生活服务和文化娱乐设施密度的影响较为接近，这些设施对相应活动出行的影响较为显著。

餐饮设施和医疗设施密度对居民非工作出行方式的影响并不显著，而且在对不同类型出行的影响方面也并无规律可循。这一点或许能给我们带来新的发现，如果居民从事某项活动的设施是非标准化的，如超市等是相对标准化的，而餐饮设施和医疗设施是非标准化的，设施的服务质量和服务水平就有差别，居民就可能为了选择更好的服务而付出更多的出行时间或出行距离，例如到医疗水平较高的医院就医，或到某风格餐厅就餐，尽管这些设施距离可能较远。这表明除了公共设施密度外，影响居民餐饮和医疗等活动出行的还有公共设施自身特征等因素。因此，对于外出就餐或看医生，将很难通过设施密度的提升直接引导居民更多选择步行。同时，这也解释了为什么泗泾社区餐饮密度较高，为 17.48，高于顾村社区的 15.35，但泗泾社区的步行比例却仅为 9%，而顾村社区的步行比例为 33.2%。

交通设施包括了公交站点和轨道交通站点，结合模型参数发现，居民非工作出行选择公共交通的概率并未随站点密度的增加而增加。另外，从社区岗位数量的影响看，尽管顾村社区远高于泗泾社区，然而模型的估算结果却表明，岗位数量对居民非工作出行方式的影响并不显著。

7.5　各要素的影响度分析

回归分析结果表明，在土地利用特征变量中，对居民非工作出行方式影响程度由强至弱分别为：街区设计、社区公共设施密度、土地多样性和人口密度。街区设计对非工作出行方式的影响度最大。随着街区设计的提升、社区公共设施密度的增加、土地混合利用熵值的增加，居民非工作出行选择步行的概率将大幅度上升。

对于不同目的的非工作出行，各类土地利用特征变量的影响程度有所不同。受街区设计影响较为显著的是休闲娱乐、购物等休闲性活动；土地多样性对购物出行和休闲娱乐出行的影响最为显著；在 6 类公共设施中，影响最大的为购物设施密度，其次影响较为显著的还有生活服务设施密度和文化娱乐设施密度。对于外出就餐、看医生等出行的影响，无论是街区设计，还是社区公共设施密度和土地多样性，影响都不显著，这说明并不是所有类型的出行都会受到土地利用特征的直接影响。

从对土地利用特征变量的分析中可以看出，发挥较大影响的几个要素实质反映了居民的生活需求：①街区设计，实际上是人们出行路径的可选择性；②社区公共设施密度，是居民使用设施可达性的反映（数量只是其中一个方面，更重要的是服务质量）；③土地多样性，反映的居民对设施多样性的就近需求度；④人口密度，则是居住的群居性以及由其带来的交流活动。

7.6　引导居民在非工作活动中更多选择步行的规划对策

根据以上分析，秉持“以人为本”的规划原则，以“创造活力社区”为目标，以满足人的生活需求为基准，以“步行生活圈”为切入点，即引导居民在非工作活动中更多选择步行，更多地创造步行活动以及由此引发的社区活动，增加社区活力，实施“以步行为导向的可持续土地利用规划策略”，从而为改造像顾村和泗泾这样的郊区社区，以及如何设计后面拟建的郊区社区提供规划思路。具体而言，该规划策略的主要内容包括“小街区，分级密度，多样性，增加居住密度，外快内慢的交通体系”。

7.6.1 小街区设计策略

提升街区设计是缩短出行距离、增加步行的空间形态途径。为此，在土地利用规划方面，强调进行小街区设计，为居民提供适合步行出行的社区道路空间，包括加密路网、提高十字交叉口比例、划分小规模街坊。

对于大型社区(像顾村和泗泾)的改造或新建，在控制性规划层面，进一步优化路网密度(尤其是支路网密度)，并加入“步行绕路系数”(Pedestrian Route Directness, PRD)进行控制，即路径便捷不绕路是衡量社区步行空间易达性的关键指标，这样可强化步行的可达性及提供步行的连贯性，从而进一步鼓励居民进行步行活动。

同时，在社区土地控制中，明确提出完整的步行通道控制要求，包括步行用地指标、通道密度、PRD等，并且强调步行通道优先联系各社区服务设施及社区公园，有条件的将进一步升级为社区绿道。这样将能有力增加步行的吸引力，并进一步引发由步行衍生的各类社区活动，激发社区活力。

7.6.2 分级密度策略

社区公共服务设施实施“分级密度”的规划策略，尤其是针对前面分析提出的三种设施——购物设施、生活服务设施和文化娱乐设施，强调设施提供的服务质量，从而激发设施的潜力，使人乐于就近享受社区服务。而这则能进一步促进步行活动。针对该三种服务设施，分级密度的控制样式建议如下，具体根据规划案例进行详细制定(表7-4)。

表 7-4　社区服务设施的分级密度控制一览表

设施密度 星级(设施的服务质量)	购物设施	生活服务设施	文化娱乐设施
一级(一星)	—	—	—
二级(二星)	—	—	—
三级(三星)	—	—	—

注：居民需求强调服务质量的三类设施，按服务质量的高、中、低分为一级(一星)、二级(二星)、级(三星)。

7.6.3 多样性策略

在社区的土地功能混合方面，在控制性规划层面引入“表性规划”(performance planning)的控制手段。表性规划的主要观点是按照在地块上面生活或者生产所带来或者引发的实际情况或影响，决定这些活动是否合适，是否被允许。表性规划的首要工作是制定表性指标。在此基础上，对地块的土地功能兼容性进行弹性控制，从而增加土地使用的多样性。

7.6.4　增加居住密度

适当增加居住密度，凝聚人气，激发步行活动。包括：在户型方面，增加小户型；同时适当增加公寓型住宅。

7.6.5　外快内慢的交通体系

区别对待郊区社区的内外交通，对于社区周边区域吸引力较强的餐饮和医疗设施，提升其公共交通（尤其是轨道交通和公共交通）的可达性，强调快捷性。对于郊区社区内部，非工作出行则提倡慢行交通，尤其是步行，从而打造绿色交通，创造健康生活，真正回归生活的本义。

本章注释

① HANDY S L. Understanding the link between urban form and nonwork travel behavior[J]. Journal of planning education and research, 1996, 15(3): 183-198.

② RAJAMANI J, BHAT C R, HANDY S, et al. Assessing impact of urban form measures on nonwork trip mode choice after controlling for demographic and level-of-service effects[J]. Transportation Research Record: Journal of the Transportation Research Board, 2003, 1831(1): 158-165.

③ BOARNET M G, JOH K, Siembab W, et al. Retrofitting the suburbs to increase walking[J]. Urban studies, 2011, 48(1): 129-159.

④ 张萍，杨东援. 上海外围大型社区居民属性和出行行为：基于嘉定江桥金鹤新城的实证研究[J]. 城市规划，2012，36（8）：63-67.

⑤ BHAT C R, GOSSEN R. A mixed multinomial logit model analysis of weekend recreational episode type choice[J]. Transportation Research Part B: Methodological, 2004, 38(9): 767-787.

⑥ AZMI D I, KARIM H A. A comparative study of walking behaviour to community facilities in low-cost and medium cost housing[J]. Procedia-Social and Behavioral Sciences, 2012, 35: 619-628.

⑦ CAO X. Y, MOKTHARIAN P L, HANDY S L. Do changes in neighborhood characteristics lead to changes in travel behavior? A structural equations modeling approach[J]. Transportation, 2007, 34(5): 535-556.

⑧ BAGLEY M N, MOKHTARIAN P L. The impact of residential neighborhood type on travel behavior: a structural equations modeling approach[J]. The Annals of Regional Science, 2002, 36(2): 279-297.

⑨ KRIZEK K J. Neighborhood services, trip purpose, and tour-based travel[J]. Transportation,

2003，30(4)：387-410.

⑩ GREENWALD M J，BOARNET M G. Built environment as determinant of walking behavior：Analyzing nonwork pedestrian travel in Portland，Oregon[J]. Transportation Research Record：Journal of the Transportation Research Board，2001，1780(1)：33-41.

⑪ LOVEJOY K，HANDY S，MOKHTARIAN P. Neighborhood satisfaction in suburban versus traditional environments：An evaluation of contributing characteristics in eight California neighborhoods[J]. Landscape and Urban Planning，2010，97(1)：37-48.

⑫ LOTFI S，KOOHSARI M J. Measuring objective accessibility to neighborhood facilities in the city (A case study：Zone 6 in Tehran，Iran)[J]. Cities，2009，26(3)：131-140.

⑬ IBEM E O. Accessibility of services and facilities for residents in public housing in urban areas of Ogun State，Nigeria[C]//Urban Forum. Springer Netherlands，2013，24(3)：407-423.

⑭ REICHMAN S. Conceptual Problems In Evaluation Of Travel Time[M]. New York，Transportation Research Board，1976.

第 8 章　引导郊区社区居民在工作活动中更多选择公共交通——公共设施的作用

随着上海郊区人口规模的扩大，居民出行与交通问题变得越来越突出。为了满足居民出行需求，上海的轨道交通建设快速发展，目前拥有着运营里程位居世界第一的城市轨道交通线网和大规模的交通客流量，轨道交通是上海综合交通体系的骨架。2017 年，上海市轨道交通日均客运量为 969.3 万人次，总客运量达到 35.38 亿人次。截至 2018 年，上海市轨道交通线路共计 16 条，共设车站 393 座，运营里程达 644 千米，线路总长度位居世界第一。预计到 2020 年，上海市轨道交通线网总运营里程将会达到 970 千米。而“十三五”规划期间上海市将郊区的轨道交通作为建设重点，规划到 2040 年轨道交通在郊区形成网络。根据 2014 年上海市综合交通调查的数据统计分析，在郊区居民采用轨道交通方式的出行目的中 80%以上为通勤。因此研究郊区通勤者出行行为的影响因素，特别是轨道交通对通勤者出行行为的影响机制，是制定规划、交通等政策的重要依据，也为提高郊区居民生活和出行质量提供研究基础。

目前，国内外关于通勤出行行为已经形成一定研究成果，包含了通勤出行方式、出行时间、出行链模式选择等内容[①-③]。而随着轨道交通大规模的规划建设，有些学者开始关注轨道交通对通勤出行行为的影响，如萨克西斯(Saksith)[④]研究了通勤者社会经济特征、公寓距轨道交通距离对新开发公寓居民通勤方式的影响；詹妮弗(Jennifer)[⑤]研究了轨道交通站点不同特征的 TOD 模式(高密度、土地混合利用、步行友好、交通便捷)对社区内通勤轨道交通使用水平的影响；甄茂成[⑥]通过揭示轨道交通发展对城市办公集聚区的引导，分析了居民的通勤行为特征；沈玮薇[⑦]分析了个人、家庭及心理因素对轨道交通走廊内居民通勤方式选择的影响；王珂[⑧]分析了轨道交通沿线居民职住地选择的影响因素、通勤出行特征以及轨道交通对人口迁移的引导作用。还有少数学者对通勤者工作出行行为特征进行了分析，但未涉及轨道交通因素的影响，如麦古金(McGuckin)[⑨]对比分析了通勤者在通勤途中安排和不安排非工作活动两种情况下的出行特征；Castro[⑩]建立了联合模型框架用以分析一天内不同时段通勤者工作活动参与及出行距离特征；吴文静[⑪]分析了通勤者的社会经济特征、出行方式等属性对通勤者下班后非工作活动时间选择的影响；鲜于建川[⑫]讨论了通勤者工作活动安排与家庭特征、个人特征及通勤出行行为之间的关系。

已有的关于通勤者出行行为的研究多关注个人、家庭特征对通勤行为的影响，有些学者考虑了轨道交通因素的影响，但一般限于对通勤行为的研究，对通勤者非工作活动并未涉及。总的来看，以郊区通勤者为对象，分析其通勤方式选择和工作活动安排的影响机制及相互关系的研究较少。而郊区通勤者的出行行为生成，除了受个人特征和家庭特征的影响，住址、岗位与轨道交通的关系也是重要影响因素。本章选取上海郊区 10 个社区作为研究案例，主要讨论的问题是：对郊区通勤者而言，通勤方式和非工作活动的选择主要受哪些因素影响？通勤者的岗位、住址是否靠近轨道交通站点，对其通勤方式的选择及工作活动的安排有怎样的影响？哪些因素的改善可以提高郊区通勤者轨道交通使用水平？公共设施布局决定了岗位的空间分布，也导致非工作活动的产生，在影响郊区通勤者轨道交通使用水平的诸因素中公共设施的作用如何？

8.1　结构方程模型的构建

基于本章分析框架，如图 8-1 所示，通过建立模型，测度郊区通勤者个人特征、家庭特征、职住与轨道交通关系等因素对通勤方式、非工作活动安排的影响。郊区通勤者出行行为生成是由多种因素综合作用的结果，除了社会人口属性等特征外，对郊区通勤者而言尤其要重视住址、岗位与轨道交通的关系特征，需要深入分析不同因素对郊区通勤者通勤出行和非工作活动安排的影响效应，以及通勤方式与非工作活动安排的内在联系。因此，本章应用结构方程模型来拟合多个外生变量及内生变量之间的复杂相关性。

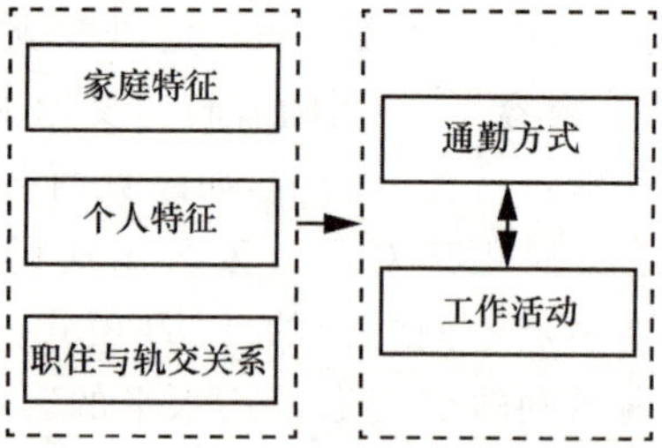

图 8-1　分析框架

8.1.1　数据来源及分析

本章选取郊区安亭、马陆、三林、航头、泗泾、桃浦、吴泾、浦江、顾村、川沙共 10 个社区，活动和出行行为数据来源于 2014 年上海市综合交通调查，以调查日有通勤出行的通勤者为研究对象，剔除无效记录，共计 8 536 个样本，通勤者样本分布如图 8-2 所示。为了研究轨道交通对郊区通勤者出行行为的影响，根据通勤者住址及岗位距离轨道交通站点的距离是否在 1 千米范围内，将通勤者分为四类，即仅住址靠近轨道交通站点（约占通勤者样本的 8.20%）、仅岗位靠近轨道交通站点（约占通勤者样本的 20.61%）、住址和岗位都靠近轨道交通站点（约占通勤者样本的 18.73%）、住址和岗位都不靠近轨道交通站点（约占通勤者样本的 52.46%），如表 8-1 所示。

对 10 个郊区社区通勤者样本的通勤方式变量进行统计分析，通勤方式主要为小汽车、电动车和轨道交通。对四类通勤者而言，住址和岗位都不靠近轨道交通的通勤者采用小汽车及轨道交通通勤的比例最低，采用电动车远高于其他通勤者，这主要由于住址和岗位都不靠近轨道交通的通勤者往往小汽车拥有率低，并且职住距离较其他通勤者更短。其次，住址或岗位都靠近轨道交通的通勤者，使用轨道交通方式通勤的比例要明显高于住址或岗位都不靠近轨道交通的通勤者，其中住址和岗位都靠近轨道交通的通勤者使用轨道交通方式通勤的比例最高，且岗位靠近轨道交通的通勤者采用轨道交通方式通勤的比例远高于住址靠近轨道交通的通勤者。

如表 8-2 所示，通勤者中安排非工作活动的为 853 人，占样本的 10.0%。参加了一次非工作活动的通勤者中将非工作活动安排在通勤途中的占 53.4%，参加两次及以上非工作活动的通勤者中至少将一次非工作活动安排在通勤途中的占比高达 86.7%。因此，郊区通勤者的非工作活动往往安排在通勤途中。

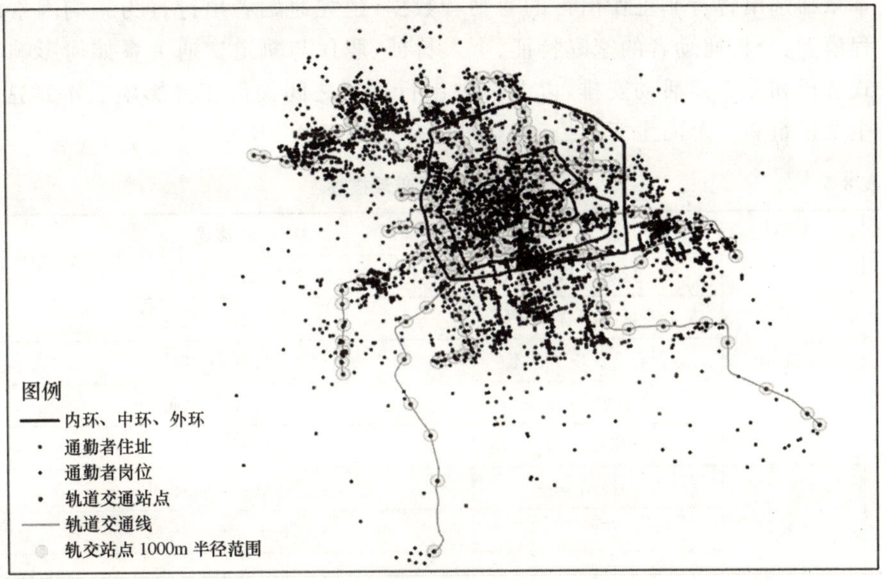

图 8-2　郊区通勤者样本分布图

表 8-1　郊区通勤者样本通勤方式特征变量的统计分析

通勤者		步行	自行车	电动车	公交车	轨道交通	小汽车	其他
类别	样本量							
仅住址靠近轨交	700 (8.20%)	5.29%	6.29%	29.71%	10.14%	9.29%	30.57%	8.71%
仅岗位靠近轨交	1759 (20.61%)	2.67%	3.41%	28.94%	13.81%	17.57%	28.60%	5.00%
都靠近轨交	1599 (18.73%)	11.94%	5.57%	17.20%	10.63%	29.58%	21.33%	3.75%
都不靠近轨交	4788 (52.46%)	10.52%	8.02%	45.78%	7.88%	2.43%	20.88%	4.49%

表 8-2　　郊区通勤者样本非工作活动特征变量的统计分析

非工作活动次数	通勤途中非工作活动		小计	合计
	有	无		
0	—	—	7683(90.0%)	7683(90.0%)
1	351(53.4%)	306(46.6%)	657(7.7%)	853(10.0%)
≥2	170(86.7%)	26(13.3%)	196(2.3%)	

8.1.2 变量选择

本章筛选出含有非工作出行的通勤者数据，建立通勤者出行行为影响因素的结构方程模型，分析通勤者的家庭特征、个人特征、职住与轨道交通关系如何影响其通勤方式选择和非工作活动安排，以及各种出行选择之间如何相互影响。本章选取 3 个外生变量组和 2 个内生变量组，变量具体描述如表 8-3 所示。

表 8-3　　结构方程模型变量描述

项目	类型	变量	描述
外生变量	家庭特征	家庭人口	1:1～2 人;2::3～4 人;3:≥5 人
		是否有成年未就业人员	1:有;0:其他
		是否有 6 岁以下儿童	1:有;0:其他
		是否有中、小学生	1:有;0:其他
		是否拥有小汽车	1:有;0:其他
	个人特征	性别	1:男;0:女
		年龄	1:<30;2:30～50;3:>50
		职住距离	1:≤1km;2:>1km 且≤4km;3:>4km 且≤8km;4:>8km
	职住与轨交关系	住址与轨交关系	1:靠近轨交(1km 以内);0:其他
		岗位与轨交关系	1:靠近轨交(1km 以内);0:其他
内生变量	通勤方式	通勤方式小汽车	1:是;0:否
		通勤方式电动车	1:是;0:否
		通勤方式轨交	1:是;0:否
	非工作活动	日常生活次数	实际值
		接送人次数	实际值
		就医次数	实际值
		文体娱乐次数	实际值
		通勤途中非工作活动	1:有;0:其他
		短距离出行次数	1:1～2;2:3～4;3:≥5;0:其他

8.1.3 模型结构

本章采用模型由结构方程外生与内生变量之间、内生变量相互之间的关系表示，模型结构设定如图8-3所示。在SPSS中建立数据库，导入AMOS构建联立方程式的结构方程模型。

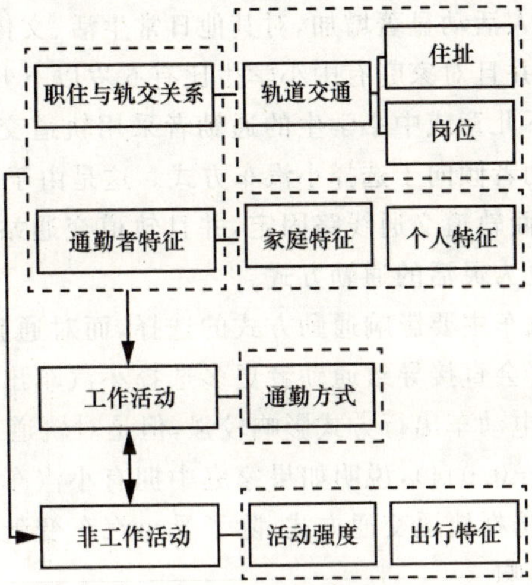

图8-3 模型结构设定

8.1.4 模型拟合及评价

本章使用极大似然估计(Maximum Likelihood)进行模型运算，各项拟合指标运算结果及优度检验如表8-4所示。模型各项拟合指标均符合适配标准要求，拟合程度良好。

表8-4 模型拟合优度检验

评价指标	检验结果	适配标准
卡方值/自由度($\chi^2 \cdot df^{-1}$)	1.187	1～3表示模型适配度良好
标准化残差均方根(SRMR)	0.027	<0.05
近似误差均方根(RMSEA)	0.015	<0.05(适配良好)；<0.08(适配合理)
拟合优度指数(GFI)	0.986	>0.90
调整拟合优度指数(AGFI)	0.973	>0.90

8.2 家庭特征对工作出行的效应分析

如表8-5所示，家庭特征中是否有6岁以下儿童、是否有中小学生对通勤者非工作活动影响显著，是否拥有小汽车对通勤方式影响显著。

家庭中有 6 岁以下儿童或中小学生，会直接导致通勤者接送人的次数增加，尤其是有中小学生的影响更为显著，并且倾向在通勤途中完成接送人的活动。有 6 岁以下儿童或中小学生的家庭，通勤者的日常生活次数显著减少，文体娱乐休闲次数和就医次数也相应减少。整体而言，家庭中有 6 岁以下儿童或中小学生对通勤者非工作活动的影响，除了接送人活动显著增加，对其他日常生活、文体娱乐、就医等非工作活动有一定的抑制作用，并且对家庭有中小学生比有 6 岁以下儿童的影响更为显著。

家庭中有 6 岁以下儿童或中小学生的通勤者采用轨道交通方式的概率降低，特别是有中小学生的通勤者倾向于选择小汽车方式。这是由于郊区通勤者多在上下班途中完成接送人活动，而轨道交通线路固定，并且轨道交通站点附近教育资源缺乏，导致通勤者选择其他更为灵活的通勤方式。

家庭是否拥有小汽车主要影响通勤方式的选择，而对通勤者的非工作活动没有太大影响。拥有小汽车会直接导致通勤者更多选择小汽车出行，减少电动车及轨道交通方式出行，尤其对电动车出行方式影响较强，但是对轨道交通出行方式的影响较为微弱（总体效应值为－0.044），说明如果家庭中拥有小汽车，通勤者主要会放弃电动车通勤方式，而是否选择轨道交通方式，除了受小汽车变量影响，还受住址及岗位是否靠近轨道交通的影响。

表 8-5　家庭特征对内生变量的总体效应、直接效应和间接效应

		家庭人口	成年未就业人员	6 岁以下儿童	中小学生	小汽车拥有
通勤方式小汽车	直接效应	0	0	0	0.096***	0.560***
	间接效应	0	0	0	0	0
	总体效应	0	0	0	0.096	0.560
通勤方式电动车	直接效应	0	0	0.060*	0	－0.433***
	间接效应	0	0	0	0	0
	总体效应	0	0	0.060	0	－0.433
通勤方式轨道交通	直接效应	0	0	0	－0.093**	－0.099**
	间接效应	0	0	－0.010	－0.006	0.055
	总体效应	0	0	－0.010	－0.099	－0.044
日常生活次数	直接效应	0	0	－0.134***	－0.411***	0
	间接效应	0	0	0	0	0
	总体效应	0	0	－0.134	－0.411	0
接送人次数	直接效应	0	0	0.224***	0.550***	0
	间接效应	0	0	0	0	0
	总体效应	0	0	0.224	0.550	0

续表

		家庭人口	成年未就业人员	6岁以下儿童	中小学生	小汽车拥有
就医次数	直接效应	0	0	0	0	0
	间接效应	0	0	0	0	0
	总体效应	0	0	0	0	0
文体娱乐次数	直接效应	0	0.052*	0	0	0
	间接效应	0	0	−0.060	−0.148	0
	总体效应	0	0.052	−0.060	−0.148	0
通勤途中非工作活动	直接效应	0	0	0	0	0
	间接效应	0	0	0.087	0.213	0
	总体效应	0	0	0.087	0.213	0
短出行次数	直接效应	−0.143***	0	0	0	0
	间接效应	0	0	−0.019	−0.057	0
	总体效应	−0.143	0	−0.019	−0.057	0

注：$P<0.05$，显著性水平为*；$P<0.01$，显著性水平为**；$P<0.001$，显著性水平为***。

8.3 个人特征对工作出行的效应分析

如表8-6所示，男性通勤者更倾向于选择小汽车方式通勤，而通勤者年龄越大，越倾向于电动车出行，越年轻，越倾向小汽车出行。

职住距离对通勤者的通勤方式和非工作活动都有较强影响。职住距离增加，小汽车和轨道交通通勤方式显著增加，而通勤者的日常生活次数减少，通勤途中的接送人活动增加。

表8-6　　个人特征对内生变量的总体效应、直接效应和间接效应

		性别	年龄	职住距离
通勤方式小汽车	直接效应	0.182***	−0.090***	0.099***
	间接效应	0	0	0
	总体效应	0.182	−0.090	0.099
通勤方式电动车	直接效应	−0.087**	0.082**	0
	间接效应	0	0	0
	总体效应	−0.087	0.082	0
通勤方式轨道交通	直接效应	0	0	0.217***
	间接效应	0.011	−0.010	0.009
	总体效应	0.011	−0.010	0.226

续表

		性别	年龄	职住距离
日常生活次数	直接效应	0	0.090***	−0.115***
	间接效应	0	0	0
	总体效应	0	0.090	−0.115
接送人次数	直接效应	0	0	0.095***
	间接效应	0	0	0
	总体效应	0	0	0.095
就医次数	直接效应	0	0	0.090**
	间接效应	0	0	0
	总体效应	0	0	0.090
文体娱乐次数	直接效应	0	−0.085*	0
	间接效应	0	0	−0.026
	总体效应	0	−0.085	−0.026
通勤途中非工作活动	直接效应	0	−0.092**	0
	间接效应	0	0	0.047
	总体效应	0	−0.092	0.047
短出行次数	直接效应	0	0	−0.074*
	间接效应	0	0.013	−0.016
	总体效应	0	0.013	−0.090

注：$P<0.05$，显著性水平为*；$P<0.01$，显著性水平为**；$P<0.001$，显著性水平为***。

8.4 公共设施布局与轨道交通站点关系对工作出行的效应分析

如表8-7所示，住址或岗位靠近轨道交通站点对通勤者采用轨道交通通勤都有促进作用，尤其岗位靠近轨道交通站点具有显著影响。模型结果表明，与住址靠近轨道交通站点的影响相比，岗位靠近轨道交通站点更能促进通勤者选择轨道交通。住址或岗位靠近轨道交通站点，对通勤者的小汽车出行几乎没有影响，但对电动车通勤方式有抑制作用。

对非工作活动影响方面，岗位靠近轨道交通站点对通勤者文体娱乐活动增加具有影响，而住址靠近轨道交通站点，对通勤者的影响则是日常生活活动增加，文体娱乐活动减少。

表 8-7 职住与轨交关系对内生变量的总体效应、直接效应和间接效应

		住址与轨交关系	岗位与轨交关系
通勤方式小汽车	直接效应	0	0
	间接效应	0	0
	总体效应	0	0
通勤方式电动车	直接效应	−0.114***	−0.069*
	间接效应	0	0
	总体效应	−0.114	−0.069
通勤方式轨交	直接效应	0.096**	0.113***
	间接效应	0.014	0.009
	总体效应	0.110	0.122
日常生活次数	直接效应	0.076**	−0.079**
	间接效应	0	0
	总体效应	0.076	−0.079
接送人次数	直接效应	0	0
	间接效应	0	0
	总体效应	0	0
就医次数	直接效应	0	0
	间接效应	0	0
	总体效应	0	0
文体娱乐次数	直接效应	−0.104**	0.117**
	间接效应	0	0
	总体效应	−0.104	0.117
通勤途中非工作活动	直接效应	−0.064*	0
	间接效应	0	0
	总体效应	−0.064	0
短出行次数	直接效应	0.079*	0
	间接效应	0.011	−0.011
	总体效应	0.090	−0.011

注：$P<0.05$，显著性水平为*；$P<0.01$，显著性水平为**；$P<0.001$，显著性水平为***。

8.5 通勤方式与非工作活动之间的效应分析

如图 8-4(a)所示，小汽车通勤方式基本不受其他内生变量的影响，同上文的分析，通勤者是否采用小汽车方式出行很大程度上取决于家庭小汽车拥有情况。

如图 8-4(b)所示，接送人活动对通勤者的文体娱乐活动有抑制作用，并且接送人活动多在通勤途中完成，但由于轨道交通站点周边缺少教育资源，由前文分析可知这部分通勤者一般不会选择轨道交通通勤。通勤者日常生活次数增加导致短出行次数增加。

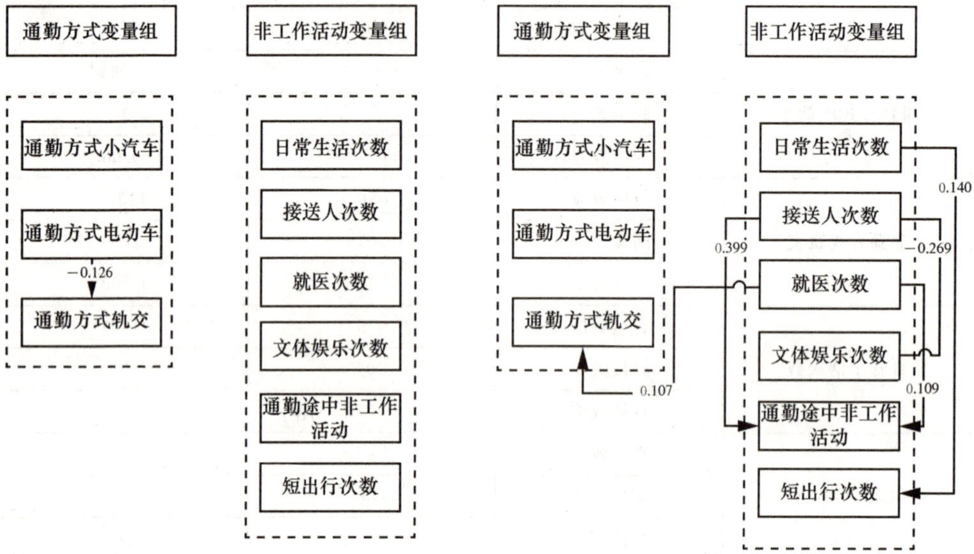

(a) 通勤方式直接效应路径图　　(b) 非工作活动参与直接效应路径图

图 8-4　内生变量之间的直接效应路径图

8.6 引导居民在工作活动中更多选择公共交通的规划对策

8.6.1 小结

(1) 无论是岗位还是住址靠近轨道交通站点，对郊区通勤者选择轨道交通方式出行都有促进作用。与住址靠近轨道交通的影响相比，岗位靠近轨道交通站点具有更显著影响。因此在轨道交通站点附近布局商业、商务办公等提供岗位的公共设施，能够提高郊区通勤者轨道交通使用水平。

(2) 通勤方式选择方面，家庭中拥有小汽车的影响强度较大，对电动车使用抑制较强，对轨道交通使用也有抑制影响；轨道交通的使用，受岗位、住址与轨道交通站点关系、职住距离的影响较强，还会受到通勤者非工作活动的影响。如果在轨道站点附近布局幼儿园、中小学等公共设施，将有利于通勤者选择在上下班途中完成接送小孩等活动而提高轨道交通方式的使用；家庭拥有小汽车导致小汽车出行增加，职住靠近轨道交通站点会导致轨道交通方式增加，都相应抑制电动车的使用。

(3) 家庭特征中影响最为显著的变量为是否有 6 岁以下儿童及中小学生，尤其是有中小学生对通勤者的非工作活动及通勤方式有较强影响;个人特征中影响最为显著的变量为职住距离。

8.6.2 规划对策

通过结构方程模型,能够更全面地解释郊区通勤者通勤方式和非工作活动的影响机制,以及它们的影响强度,从而科学指导相关对策的制定。郊区通勤者出行行为是多因素综合作用的结果,不仅与通勤者社会人口特征有关,更与职住和轨道交通关系以及轨道交通站点附近公共设施布局等土地利用因素有关,因此将行为研究和交通政策制定协同考虑、交通规划和土地规划协同考虑,对于引导郊区通勤者出行行为具有重要作用。

(1) 轨道交通线路进入郊区,轨道交通站点宜结合已建成片居住社区和规划成片居住社区进行选址,距离居住社区中心控制在 2000 米范围内,使居民能够通过步行或骑自行车到达轨交站点,促使居民出行更多选择轨道交通。

(2) 轨道交通线路进入郊区,轨道交通站点除了要结合居住社区布置,站点周边 1000 米范围内,应布局相应的公共设施用地。从促使郊区居民使用轨道交通出行角度分析,宜布置商业、商务办公、工业园区等能够提供大量工作岗位的公共设施类型。

(3) 从郊区居民通勤和非工作活动间的模型分析看,居民选择轨道交通方式进行通勤途中,往往顺带完成接送小孩活动。而老年人使用轨道交通往往是进行就医活动。因此,结合区域教育设施、医疗设施总体安排,幼儿园、小学、中学等教育设施和医院等医疗卫生设施可布置在郊区轨道交通站点周边,从而适应居民工作活动和非工作活动的关系特征,有利于居民更多选择公共交通出行。

本章注释

① ZAMAN H, NURUL H K M . Commuting mode choice in the context of travel demand management (TDM). [J]. Revue Canadienne De Génie Civil, 2011, 38(4):433-443.

② 杨敏,王炜,陈学武,等. 工作者通勤出行活动模式的选择行为[J]. 西南交通大学学报, 2009, 44(2): 274.

③ 诸葛承祥,邵春福,李霞,等. 通勤者出行时间与出行方式选择行为研究[J]. 交通运输系统工程与信息, 2011, 12(2): 126.

④ CHALERMPONG S, RATANWARAHA A. Travel Behavior of Residents of Condominiums near Bangkok's Rail Transit Stations[J]. 13th WCTR, July, 2013,13(7):15.

⑤ DILL J . Travel and transit use at portland area transit-oriented developments (TODs)[J]. Land use, 2006. Transit use at transit-oriented developments in portland, oregon, Area[J]. Transportation research record: Journal of the transportation research board, 2008, 2063: 159-167.

⑥ 甄茂成. 基于轨道交通发展的北京城市居民工作出行行为特征研究[D]. 北京:首都师范大

学，2014.
⑦ 沈玮薇.城市轨道交通走廊内居民通勤出行交通方式选择行为研究[D].苏州:苏州大学，2016.
⑧ 王珂.北京市轨道交通对居民职住地选择及通勤出行的影响研究[D].北京:北京交通大学，2010.
⑨ NANCY M G , JOHANNA Z , YUKIKO N . Trip-Chaining Trends in the United States[J]. Transportation Research Record: Journal of the Transportation Research Board, 2005, 1917(1):199-204.
⑩ CASTRO M , ELURU N , BHAT C R , et al. Joint Model of Participation in Nonwork Activities and Time-of-Day Choice Set Formation for Workers[J]. Transportation Research Record Journal of the Transportation Research Board, 2011, 2254(2254):140-150.
⑪ 吴文静，隽志才.通勤者下班后非工作活动时间选择决策行为[J].中国公路学报，2010，23(6)：92.
⑫ 鲜于建川，隽志才.通勤者非工作活动选择行为研究[J].交通运输系统工程与信息，2014，14(2)：220.

主要参考文献

[1] 周一星,孟延春.中国大城市的郊区化趋势[J].城市规划汇刊,1998(03):22-27.

[2] 王馨颜,尹祖杏,何大明,等.中国城市郊区化问题研究综述[J].云南地理环境研究,2007(04):78-82.

[3] 张贡生,孙晓娜,李玮.郊区化研究综述[J].湖北经济学院学报,2009,7(06):59-65.

[4] 陈肖东.2017年北京保障房完工9万套比目标任务超额完成3万套[EB/OL].(2017-12-07)[2018-06-22]. http://news.163.com/17/1207/13/D52CTB6K00018AOR.html.

[5] 北京市住房和城乡建设委员会.北京市2018年住房保障建设计划[EB/OL].(2018-02-25)[2018-06-22]. http://www.bjjs.gov.cn/bjjs/zfbz/index.shtml.

[6] 广州市住房和城乡建设委员会.广州市住房和城乡建设委员会2017年工作总结和2018年工作安排[EB/OL].(2018-02-01)[2018-06-22]. http://www.gz.gov.cn/gzgov/s2823/201802/24f7ac0d32344cec90d3ab7f5f858920.shtml.

[7] 罗若愚,刘怡,踪家峰.成都保障性住房与公共服务设施空间匹配研究[J].西安电子科技大学学报(社会科学版),2017,27(2):35-43.

[8] 成都市城乡建设委员会.成都市住房保障五年规划(2017—2021年)[EB/OL].2017:9-16[2018-06-22]. http://gk.chengdu.gov.cn/uploadfiles/07030202090104/2017111520410416.pdf.

[9] 魏宗财,陈婷婷,孟兆敏,等.广州保障性住房的困境与出路:与香港的比较研究[J].国际城市规划,2015,30(04):109-115.

[10] 上海市统计局.2017年上海市国民经济和社会发展统计公报[EB/OL].(2018-03-08)[2018-06-22]. http://www.stats-sh.gov.cn/html/sjfb/201803/1001690.html.

[11] 中商产业研究院.上海市住房发展"十三五"规划:新增保障性住房55万套(全文/政策解读)[EB/OL].(2017-07-07)[2018-06-22]. http://www.askci.com/news/chanye/20170707/170016102457.shtml.

[12] 柴彦威.行为地理学研究的方法论问题[J].地域研究与开发,2005,(2):1-5.

[13] CHAPIN F S Jr. Human Activity Patterns in the City[M]. New York: John Wily&Sons, Inc,1974.

[14] HAGERSTR T. What about people in regional science? [J]. Papers Proc. Reg. Sci. Assoc. 1970(24):22-145.

[15] 张文佳,柴彦威.基于家庭的城市居民出行需求理论与验证模型[J].地理学报,2008(12):1246-1256.

[16] 沈洁,柴彦威.郊区化背景下北京市民城市中心商业区的利用特征[J].人文地理,2006(5):113-116,123.

[17] 王德,张晋庆.上海市消费者出行特征与商业空间结构分析[J].城市规划,2001(10):6-14.

[18] 周素红,闫小培.基于居民通勤行为分析的城市空间解读:以广州市典型街区为案例[J].地理学报,2006,(2):179-189.

[19] HILLS P J, JONES M W. The role of safety in highway investment appraisal for developing

countries. Accident Analysis & Prevention, 1983, 15(5): 355-369.

[20] KUNIAKI S, TAKAYUKI M, SHOGO K. A Discrete Choice Model withTaste Heterogeneity using SP, RP and Attribute Importance Ratings: Proceedings of 8-th world conference on transport research: volume 3[C]. Omaha: University of Nebra-ska Omaha Aviation Institute. 1999.

[21] 杨德昭. 新社区与新城市：住宅小区的消逝与新社区的崛起[M]. 北京：中国电力出版社，2006.

[22] 师武军. 英国新城建设的经验与启示[J]. 城市管理. 2006(5): 36-38.

[23] 周俭，张恺. 优化城市居住小区规划结构的基本框架[J]. 城市规划汇刊，1999(6): 63-65, 13.

[24] 张仁俐，赵旭，黄宽宏，等. 当前居住区公建配套标准的制订[J]. 城市规划汇刊，2001(3): 42-46.

[25] 赵民，林华. 居住区公共服务设施配建指标体系研究[J]. 城市规划，2002(12): 72-75.

[26] 唐子来. 居住小区服务设施的需求型态：趋势推断和实证检验[J]. 城市规划，1999(5): 31-35, 62.

[27] 叶大华. 居住区公共服务设施建设现状及对策[J]. 城市，2001(2): 25-28.

[28] 黄怡. 居住小区公共服务设施的发展趋势及其对策[J]. 规划师，2002(3): 21-25.

[29] 陶敏. 新社区，新生活：社会转型期城市居住区公共设施合理化配置研究[D]. 南京：东南大学，2004.

[30] 刘方. 市场经济体制下城市居住区公共服务设施发展及对策探析[D]. 重庆：重庆大学，2004.

[31] 周岚，叶斌，徐明尧. 探索住区公共设施配套规划新思路：《南京城市新建地区配套公共设施规划指引》介绍[J]. 城市规划，2006(4): 33-37.

[32] 陈丽华. 分区中社区配套设施用地规划的探索：以无锡市分区规划为例[J]. 城市规划，2006(4): 43-46.

[33] 林振江. 和谐住区公共设施配套规划[J]. 福建建筑，2008(8): 3-5.

[34] 汪雪. 重庆直辖十年主城住区建设研究：对外开放型公共服务设施规划研究[D]. 重庆：重庆大学，2008.

[35] 李江，刘博敏. 市场经济下城市住区公共设施配套的新思路：以镇江南徐新城中心区规划为例[J]. 江苏建筑，2006(4): 13-15.

[36] 臧靖. 经济转型时期我国居住区商业服务设施建设的思考[J]. 科技信息(科学教研)，2007(29): 511.

[37] 吴忆凡. 当代住宅区规划中公共服务设施规划模式初探[D]. 西安：长安大学，2008.

[38] 叶可央. 市场导向下社区公共服务设施开发模式研究[D]. 上海：同济大学，2008.

[39] 李玲，王钰，李郇，等. 解析安居解困居住区公建设施规划建设和运营：以广州三大安居解困居住区调研为例[J]. 城市规划，2008(5): 51-54, 87.

[40] 徐鑫，于文波，杨育人. 社区配套设施"非属地"现象及规划对策探讨[J]. 城市规划，2010(8): 56-60.

[41] 项智宇. 城市居住区老年公共服务设施研究[D]. 重庆：重庆大学，2004.

[42] 林敏知. 广州市居住区教育设施配套研究[D]. 广州：华南理工大学，2004.

[43] 费彦,王世福.城市居住区教育配套设施的建设标准研究:以广州为例[J].华中科技大学学报(城市科学版),2008(1):88-91.

[44] 万旦斐.城市居住区公共服务设施配套研究[D].上海:同济大学,2008.

[45] 潘华.西安市商品住宅小区文化设施现状调查与对策研究[D].西安:西安建筑科技大学, 2006.

[46] 王德,许尊,朱玮.上海市郊区居民商业设施使用特征及规划应对:以莘庄地区为例[J].城市规划学刊,2011(5):80-86.

[47] 王德,顾晶.上海市流动人口的公共设施使用特征:以虹锦社区为例[J].城市规划学刊,2010(4):76-82.

[48] 何芳.保障性社区公共服务设施供需特征及满意度因子的实证研究[J].城市规划学刊,2010,4.

[49] 杨震,赵民.论市场经济下居住区公共服务设施的建设方式[J].城市规划,2002,26(5):14-19.

[50] 刘冰,张晋庆.城市居住空间分异的规划对策研究[J].城市规划,2002,26(12):82-85.

[51] 贺静.北京城市边缘新建住区商业配套服务设施调研报告:兼论现行“千人指标”的若干问题[R].北京:清华大学,2007.

[52] 胡畔,张建召,等.大都市边缘区基本公共服务设施供给特征研究——以南京市为例[J].2011 中国城市规划年会, 2011.

[53] 武田艳,何芳,徐玥.保障性社区公共服务设施与入住人口的互动关系研究[J].生态经济,2012(11):46-50.

[54] 郭素君,姜球林.城市公共设施空间布局规划的理念与方法:新加坡经验及深圳市光明新区的实践[J].规划师,2010,26(4):5-11.

[55] 刘小波.北京当前典型城市住区的共有权客体分析[A]//中国城市规划学会.城市规划和科学发展:2009 中国城市规划年会论文集[C].北京:中国城市规划学会,2009:10.

[56] 杨震,赵民.论市场经济下居住区公共服务设施的建设方式[J].城市规划,2002,26(5):14-19.

[57] 陶小马,孟葵.关于城市居住区公共服务设施建设费用合理分摊的若干思考[J].价格理论与实践,2003(2):48-49.

[58] 雍翎,万东升.市场经济下城市社区公共设施的建设主体研究[J].科技资讯,2007(36):196.

[59] 费彦.广州市居住区公共服务设施供应研究[D].广州:华南理工大学,2013.

[60] DEVERTEUIL G. Reconsidering the legacy of urban public facility location theory in human geography[J]. Progress in Human Geography, 2000, 24(1):47-69.

[61] DREZNER Z. Dynamic facility location: The progressive pmedian problem[J]. Location Science, 1995, 3(1):1-7.

[62] 程昌秀,张文尝,陈洁,等.基于空间句法的地铁可达性评价分析:以 2008 年北京地铁规划图为例[J].地球信息科学,2007,9(6):31-35.

[63] KIM C W, LEE S Y, HONG S C. Equity in utilization of cancer inpatient services by income classes[J]. Health Policy,2005,72(2):187-200.

[64] TSOU K W, HUNG Y T, CHANG Y L. An accessibility-based integrated measure of rela-

tive spatial equity in urban public facilities[J]. Cities,2005,22(6),424-435.
[65] NICHOLLS S. Measuring the accessibility and equity of public parks: A case study using GIS[J]. Managing Leisure, 2001(6):201-219.
[66] 宋正娜,陈雯,张桂香,等.公共服务设施空间可达性及其度量方法[J].地理科学进展,2010(10):1217-1224.
[67] 林康,陆玉麒,刘俊,等.基于可达性角度的公共产品空间公平性的定量评价方法:以江苏省仪征市为例[J].地理研究,2009(1):215-224.
[68] 陈鸿.六安市消防站空间布局优化研究[J].消防科学与技术,2009,28(5):321-326.
[69] 张颖,王铮,周嵬,等.韦伯型设施区位的可计算模型及其应用[J].地理学报,2006,61(10):1057-1064.
[70] FARTHING S, WINTER J, COOMBES J. Travel Behavior and Local Accessibility to Services and Facilities[J]. //Jenks, M. et al. eds. The Compact City : A Sustainable Urban Form? [M] 3rd ed. UK:Oxford Brookes University, 2000: 181-189.
[71] NASS P. Urban Structure Matters: Residential location, car dependence and travel behavior [M]. London and New York: Routledge, 2006.
[72] HORING J,GENEIDY A, KRIZEK K. Perceptions of walking distance to neighborhood retail and other public services[D]. Master Thesis:University of Minnesota, 2007.
[73] HANDY S L. Understanding the link between urban form and nonwork travel behavior[J]. Journal of planning education and research, 1996,15(3):183-198.
[74] RAJAMANI J, BHAT C R, HANDY S,et al. Assessing impact of urban form measures on nonwork trip mode choice after controlling for demographic and level-of-service effect[J]. Transportation Research Record: Journal of the Transportation Research Board, 2003,1831(1):158-165.
[75] KEVIN J. Krizek. Neighborhood services, trip purpose, and tour-based travel[J]. Transportation. 2003,30(4):125-158.
[76] ZHANG M. Exploring the relationship between urban Form and nonwork travel through time use analysis[J]. Landscape and Urban Planning. 2005(10):244-261.
[77] BOARNET M G, JOH K, SIEMBAB W, et al. Retrofitting the suburbs to increase walking [J]. Urban studies, 2011, 48(1): 129-159.
[78] 徐晓燕.城市社区配套设施微区位布局研究[J].规划师,2011,27(12):62-66.
[79] 丰玮.公共服务设施配置与居民出行间关系研究:以合肥市居民出行行为调查为例[D].合肥:合肥工业大学.2012.
[80] 张萍,李素艳,黄国祥,等.上海郊区大型居住社区居民使用公共设施的出行行为及规划对策[J].规划师, 2013(05): 91-95
[81] 孙姗珊,朱琛,陈川,等.不同区位大型居住社区居民出行特征对比分析[R]. 2013 中国城市交通规划年会,2013.
[82] 熊健.上海大型居住社区规划的实践和思考[J].上海城市规划, 2011(3):36-40.
[83] 索超,张浩.高铁站点周边商务空间的影响因素与发展建议:基于沪宁沿线 POI 数据的实证[J].城市规划, 2015(7):43-49.

[84] 段冰若,王鹏,郝新华,等.见物见人:时空大数据支持下的存量规划方法论[J].上海城市规划,2016(3):9-16.

[85] 陈蔚珊,柳林,梁育填.基于POI数据的广州零售商业中心热点识别与业态集聚特征分析[J].地理研究,2016(4):703-716.

[86] 韩昊英,于翔,龙瀛.基于北京公交刷卡数据和兴趣点的功能区识别[J].城市规划,2016(6):52-60.

[87] 李贞.基于GIS的陆家嘴公共文化设施空间布局及优化研究[J].上海城市规划,2016(6):51-56.

[88] 钮心毅,丁亮,宋小冬.基于手机数据识别上海中心城的城市空间结构[J].城市规划学刊,2014(6):61-67.

[89] 王洋,杨忍,李强,等.广州市银行业的空间布局特征与模式[J].地理科学,2016(5):742-750.

[90] 吴必虎,肖金玉.中国历史文化村镇空间结构与相关性研究[J].经济地理,2012(7):6-11.

[91] 蒋天颖.浙江省区域创新中心空间格局及其驱动机制研究[J].人文地理,2015(4):95-101.

[92] DUMBILL E. Big Data Now: Current perspectives from O'Reilly Media[M]. London, O'Reilly M-edia, 2012:3.

[93] BOYD D, CRAWFORD K. Critical Questions for Big Data: Provocations for a Cultural, T-echnological, and Scholarly Phenomenon[J]. Informacios Tarsadalom, 2012, 15(2): 662-679.

[94] DODGE M, KITCHIN R. Codes of life: identification codes and the machine-readable world [J]. Environment and Planning D: Society and Space, 2005, 23(6):851-881.

[95] MARZ N, WARREN J. Big Data: Principles and Best Practices of Scalable Realtime Data Systems[M]. Connecticut, Manning Publications, 2012.

[96] KITCH R. The Data Revolution: Big data, open data, data infrastructures and their consequences[M]. London: Sage, 2013.

[97] MAYER S V, CUKIER K. Big data: A Revolution that Will Transform How we Live, work and Think[M]. New York: Houghton Mifflin Publishing House, 2013.

[98] MCKINSEY G I. Open Data: Unlocking Innovation and Performance with Liquid Information[DB/OL]. http://goo.gl/IavBty, Access Feb 13, 2015.

[99] SMALL K A, SONG S. "Wasteful" Commuting: A Resolution[J]. University of California Transportation Center Working Papers, 1992, 100(4):888-898.

[100] HORNER M W. Extensions to the Concept of Excess Commuting[J]. Environment & Planning A, 2002, 34(3):543-566.

[101] CHARRON M. From excess commuting to commuting possibilities: More extension to the concept of excess commuting[J]. Environment and Planning A, 2007, 39(5):1238-1254.

[102] MURPHY E, KILLEN J E. Commuting Economy[J]. Urban Studies, 2011, 48(6):1255-1272.

[103] ZHOU J, MURPHY E, LONG Y. Commuting efficiency in the Beijing metropolitan area: An exploration combining smartcard and travel survey data[J]. Journal of Transport Geog-

raphy, 2014, 41:175-183.

[104] NIEDZIELSKI M A, HORNER M W, XIAO N. Analyzing scale independence in jobs-housing and commute efficiency metrics[J]. Transportation Research Part A: Policy and Practice, 2013, 58:129-143.

[105] ZHOU J P, LONG Y. Losers and Pareto optimality in optimising commuting patterns[J]. Urban Studies,2016,53(12):2511-2529. DOI:10.1177/0042098015594072.

[106] ZHOU J, MURPHY E, LONG Y. Visualizing the minimum solution of the transportation problem of linear programming(TPLP) for Beijing's bus commuters[J]. Environment& Planning A, 2014, 46(9):2051-2054.

[107] MOSHEBEN A, LERMAN S. Discrete Choice Analysis[M]. Boston,MIT Press, 1985.

[108] BEN-AKIVA M, BOWMAN J L, GOPINATH D. Travel demand model system for the information era[J]. Transportation, 1996, 23(3):241-266.

[109] REICHMAN S. Conceptual problems in evaluation of travel time[M]. New York,Transportation Research Board,1976.

[110] BOWMAN J L, Ben-Akiva M E. Activity-based disaggregate travel demand model system with activity schedules[J]. Transportation Research Part A, 2001, 35(1):1-28.

[111] HILLMAN M,WHALLEY A. Transportation And Disadvantaged - Falcocchio, JC and Cantilli, EJ[J]. Regional studies. 1976, 10(1):136-136.

[112] NASS P. Urban Structure Matters: Residential location, car dependence and travel behavior[M]. London and New York: Routledge, 2006.

[113] 孙德芳,秦萧,沈山.城市公共服务设施配置研究进展与展望[J]. 现代城市研究, 2013(3):27-33.

[114] 毛海虓.中国城市居民出行特征研究[D].北京:北京工业大学, 2005: 14-15.

[115] HA. 2001 Nationwide Personal Transportation Study[J]. U. S. Department of Transportat-ion, 2003: 35.

[116] 丁威,杨晓光,伍速锋.基于活动的居民出行行为研究综述[J].人文地理, 2008(3):85-91.

[117] 褚浩然,郑猛,杨晓光,等.出行链特征指标的提出及应用研究[[J].城市交通,2006,4(2):64-67.

[118] TORSTEN H. What about people in Regional Science? [J]. Regional Science, Volume 24, Number 1,1970,24(1): 6-21.

[119] DAMM D. Interdependencies in activity behavior[J]. Transportation Research Record, 1980,750: 33-40.

[120] KITAMURA R. An evaluation of activity-based travel analysis [J]. Transportation, 1988, 15 (4): 9-34.

[121] SWIDERSKI D, HOORN T, BRÖG W, et al. Activity-based modelling[C]//Recent advances in travel demand analysis[J]. Gower Publishing Co. Ltd, 1983: 313-382.

[122] HIRSH M, PRASHKER JN, Ben-Akiva ME. Dynamic model of weekly activity pattern [J]. Transportation Science,1986m20(1):24-36.

[123] CLARKE MI. Activity modeling: A research tool or a practical planning technique? [M].

In Behavioral Research for Transport Policy (pp3-15). VNU Science Press, Utrecht, The Netherlands, 1986/ Clarke M I. Activity modelling-a research tool or a practical planning technique[J]. Behavioral Research for Transport Policy, 1986: 3-15.

[124] BEN-AKIVA M, STEVEN RL. Discrete Choice Analysis: The Theory and Application to Travel Demand[M]. The MIT Press, Cambridge Massachusetts,1985.

[125] PAS E I. State of the art and research opportunities in travel demand: Another Perspective [J]. Transportation Research A, 1985(19):460-464.

[126] 隽志才,李志瑶,宗芳.基于活动链的出行需求预测方法综述[J].公路交通科技,2005(6):108-113.

[127] 张文佳,柴彦威.时空制约下的城市居民活动-移动系统:活动分析法的理论和模型进展[J].国际城市规划,2009,24 (4):60-68.

[128] 李民.基于活动链的居民出行行为分析[D].长春:吉林大学,2004.

[129] FRANK P, MICHAELl A P. TAYLOR L P, et al. Defining and understanding trip chaining behavior [J] . Transportation, 2008, 35(1): 55-72.

[130] SANG E S, NOBUAKI O, NOBORU H. Effects of household structure and accessibility on travel [J] . Transportation, 2013, 40(4):847-865.

[131] LOUIS A. Merlin. Can the built environment influence non-work activity participation? An analysis with national data[J]. Transportation, 2015 (42):369-387.

[132] 陈燕萍,宋彦,张毅,等.城市土地利用特征对居民出行方式的影响:以深圳市为例 [J].城市交通, 2011(5):80-85.

[133] 杨敏.基于活动的出行链特征与出行需求分析方法研究[D].南京:东南大学, 2007.

[134] 王济川,郭志刚. Logistics 回归模型:方法与应用 [M].北京:高等教育出版社,2001:1-145.

[135] 张文彤.SPSS统计分析高级教程[M].北京:北京希望电子出版社,2002:91-121.

[136] STOPHER P R, HARTGEN D T, Li Y. Smart: simulation model for activities, resources and travel[J]. Transportation, 1996, 23(3): 293.

[137] LEE Y, HICKMAN M, WASHINGTON S. Household type and structure, timeuse pattern, and trip-chaining behavior[J]. Transportation Research Part A: Policy and Practice, 2007, 41(10): 1004.

[138] KUPPAM A R, PENDYALA R M. A structural equations analysis of commuters' activity and travel patterns[J]. Transportation, 2001, 28(1): 33.

[139] MERLIN L A. Can the built environment influence nonwork activity participation? An analysis with national data[J]. Transportation, 2015, 42(2): 369.

[140] SEO S E, OHMORI N, HARATA N. Effects of household structure and accessibility on travel[J]. Transportation, 2013, 40(4): 847.

[141] 鲜于建川,隽志才.非工作活动生成和分配模式研究[J].交通运输系统工程与信息,2011, 11(4):124.

[142] LEE J. Impact of neighborhood walkability on trip generation and trip chaining: case of Los Angeles[J]. Journal of Urban Planning and Development, 2016, 142(3):1-11.

[143] 陈燕萍,宋彦,张毅,等.城市土地利用特征对居民出行方式的影响:以深圳市为例[J].城市交通,2011,9(5):80.

[144] KRIZEK K J. Neighborhood services, trip purpose, and tour-based travel[J]. Transportation, 2003, 30(4): 387-410.

[145] GOLOB T F. A simultaneous model of household activity participation and trip chain generation[J]. Transportation Research Part B: Methodological, 2000, 34(5): 355.

[146] HANDY S L. Understanding the link between urban form and nonwork travel behavior [J]. Journal of planning education and research, 1996, 15(3): 183-198.

[147] RAJAMANI J, BHAT C R, HANDY S, et al. Assessing impact of urban form measures on nonwork trip mode choice after controlling for demographic and level-of-service effects [J]. Transportation Research Record: Journal of the Transportation Research Board, 2003, 1831(1): 158-165.

[148] BOARNET M G, JOH K, SIEMBAB W, et al. Retrofitting the suburbs to increase walking[J]. Urban studies, 2011, 48(1): 129-159.

[149] 张萍,杨东援.上海外围大型社区居民属性和出行行为:基于嘉定江桥金鹤新城的实证研究[J].城市规划,2012,36 (8):63-67.

[150] BHAT C R, GOSSEN R. A mixed multinomial logit model analysis of weekend recreational episode type choice[J]. Transportation Research Part B: Methodological, 2004, 38(9): 767-787.

[151] AZMI D I, KARIM H A. A comparative study of walking behaviour to community facilities in low-cost and medium cost housing[J]. Procedia-Social and Behavioral Sciences, 2012, 35: 619-628.

[152] CAO X. Y, MOKHTARIAN P L, HANDY S L. Do changes in neighborhood characteristics lead to changes in travel behavior? A structural equations modeling approach[J]. Transportation, 2007, 34(5): 535-556.

[153] BAGLEY M N, MOKHTRARIAN P L. The impact of residential neighborhood type on travel behavior: a structural equations modeling approach[J]. The Annals of Regional Science, 2002, 36(2): 279-297.

[154] KRIZEK K J. Neighborhood services, trip purpose, and tour-based travel[J]. Transportation, 2003, 30(4): 387-410.

[155] GREENWALD M J, BOARNET M G. Built environment as determinant of walking behavior: Analyzing nonwork pedestrian travel in Portland, Oregon[J]. Transportation Research Record: Journal of the Transportation Research Board, 2001, 1780(1): 33-41.

[156] LOVEJOY K, HANDY S, MOKHTARIN P. Neighborhood satisfaction in suburban versus traditional environments: An evaluation of contributing characteristics in eight California neighborhoods[J]. Landscape and Urban Planning, 2010, 97(1): 37-48.

[157] LOTFI S, KOOHSARI M J. Measuring objective accessibility to neighborhood facilities in the city (A case study: Zone 6 in Tehran, Iran)[J]. Cities, 2009, 26(3): 131-140.

[158] IBEM E O. Accessibility of services and facilities for residents in public housing in urban

areas of Ogun State, Nigeria[C]//Urban Forum. Springer Netherlands[J], 2013, 24(3): 407-423.

[159] REICHMAN S. Conceptual Problems In Evaluation Of Travel Time[M]. New York, Transportation Research Board,1976.

[160] ZAMAN H, NURUL H K M . Commuting mode choice in the context of travel demand management (TDM). [J]. Revue Canadienne De Génie Civil, 2011, 38(4):433-443.

[161] 杨敏,王炜,陈学武,等. 工作者通勤出行活动模式的选择行为[J]. 西南交通大学学报, 2009, 44(2): 274.

[162] 诸葛承祥,邵春福,李霞等. 通勤者出行时间与出行方式选择行为研究[J]. 交通运输系统工程与信息, 2011, 12(2): 126.

[163] CHALERMPONG S, RATANAWARAHA A. Travel behavior of residents of condominiums near bangkok's rail transit Stations[J]. 13th WCTR, July, 2013:15.

[164] DILL J. Travel and Transit Use at Portland Area Transit-Oriented Developments (TODs) [J]. Land Use, 2006.. Transit Use at Transit-Oriented Developments in Portland, Oregon, Area[J]. Transportation Research Record: Journal of the Transportation Research Board, 2008, 2063:159-167.

[165] 甄茂成. 基于轨道交通发展的北京城市居民工作出行行为特征研究[D]. 北京:首都师范大学, 2014.

[166] 沈玮薇. 城市轨道交通走廊内居民通勤出行交通方式选择行为研究[D]. 苏州:苏州大学, 2016.

[167] 王珂. 北京市轨道交通对居民职住地选择及通勤出行的影响研究[D]. 北京:北京交通大学, 2010.

[168] NANCY M G , JOHANNA Z , YUKIKO N . Trip-Chaining trends in the united states [J]. Transportation research record: Journal of the transportation research board, 2005, 1917(1):199-204.

[169] CASTRO M , ELURU N , BHAT C R , et al. Joint Model of Participation in Nonwork Activities and Time-of-Day Choice Set Formation for Workers[J]. Transportation Research Record Journal of the Transportation Research Board, 2011, 2254(2254):140-150.

[170] 吴文静,隽志才. 通勤者下班后非工作活动时间选择决策行为[J]. 中国公路学报,2010, 23(6): 92.

[171] 鲜于建川,隽志才. 通勤者非工作活动选择行为研究[J]. 交通运输系统工程与信息,2014, 14(2): 220.